挑戦するフォトグラファー

30年の取材で見た自転車レース

砂田弓弦
SUNADA Yuzuru

未知谷
Publisher Michitani

挑戦するフォトグラファー　目次

挑戦するフォトグラファー

30年の取材で見た自転車レース

事故

巾25ミリ前後の細い2本のタイヤで走る競技用の自転車がバランスを失って倒れる、いわゆる落車を起こすのは当たり前のことである。そうした危険と背中合わせだからこそファンが選手を応援し、熱狂する。けれど一線を超えてしまうと怪我をし、最悪の場合は死に至る。

二〇一一年五月九日、ジロ・ディ・イタリア第3ステージはレッジョ・エミリアをスタートし、リグーリア海の町ラパッロにゴールするコースだった。ラパッロは海岸の町だが、背後に山が迫っていることは、それまで取材した二三回のジロやトロフェーオ・ライグエリアなどで分かっていた。案の定、その日のルート終盤にはボッコ峠が控えていた。

峠を越えて下りに入った時点で、僕は集団《プロトン》の後ろにいた。大きなカーブがいくつか連続しており、落車やパンクで立ち止まっている選手が数人いた。平坦路だったらオートバイの運転手に停止を指示して写真を撮る処だが、道が下っていることに加えてゴールが近いために走行スピードが速く、選手の後ろについて行くだけで精一杯だった。しばらくすると、女性

レースディレクターであるロセッラ・ボンファンティの、

「カドゥータ、カドゥータ！」という落車を知らせる緊迫した声が、オートバイの上に取り付けられているレース無線の受信機から流れた。

もしその落車を撮るために停止すると、優勝者のゴールシーンを逃がしてしまう。そのため、この落車シーンは走行中のオートバイ上から撮って、そのままゴールに向かうことを瞬時に決めた。そしてすぐにカメラの撮影感度を上げて速いシャッタースピードを選択し、落車した選手が見えてくるのを待った。


落車も自転車競技の一部だ。決して目を背ける事象ではなく、僕らは必ず撮らなければならない。二年前に他界したイタリアのジャーナリスト、リッロ・ピエトロパオリはローマに本拠を持つメッサッジェーロ紙の記者として、そしてティレーノ〜アドリアティコの創始者の一人として腕を振るって来た。二〇〇一年、彼はすでにメッサッジェーロを退職していたものの、マレーシアを一周するツール・ド・ランカウイに、ラ・ガゼッタ・デッロ・スポルト紙の臨時記者として参加していた。

第4ステージのことだった。イヴァン・クワランタがゴール付近で落車した。イタリアのこのスプリンターは一九九九年のジロで二区間優勝し、マリア・ローザも一日着ていた。翌年のジロでも二区間取っている。当時の世界最強スプリンターであるチポッリーニをも打破する力をもっていた。

その時僕はすでにゴールに立っていて、落車の現場に駆けつける必要を感じないまま表彰台に向かって歩いていた。リッロは僕を見つけるなり、

「お前はどこに行っていたんだ！　クワランタの落車を撮ったのか！　すぐに走ってあいつのところに行ってこい！」と、顔を真っ赤にしてまくしたてた。

もちろん、先生や親から怒鳴られたことは過去に何度もあるが、もうすぐ四十歳になろうという僕が、周囲も驚くような大声で叱られたのである。しかも、公衆の面前で。この言葉に〈撮れませんでしたじゃ済まされない〉というのが落車だということを強く思い知らされた。ぼんくらフリーランスだった僕にとって、本当にありがたいゲンコツとなった。僕はクワランタを追いかけてホテルまで息を切らして走り、写真を撮らせて欲しいと頼んだ。彼はしぶしぶ上着を脱いで、首から釣った腕を見せてくれた。その写真は新聞にこそ使われなかったけれど、この一件はかけがえのない経験となった。

後年、アレッサンドロ・ペタッキがゴール前で落車し、チームカーに乗り込んでレース会場を去る写真を撮った。それはジロをリタイアするシーンでもあったが、これを撮ったフォトグラファーは、息を切らして走った僕だけだった。翌日、全国紙のコリエーレ・デッラ・セーラに掲載された。

ボッコ峠を下って行くと、選手が大の字に横たわっているのが見えた。僕は後部座席のステップに仁王立ちになり、その写真を撮った。そこに留まるつもりはなかったものの、前のオートバイが止まり、その隣にクルマが止まって道幅が狭くなり、僕のオートバイも落車した選手を通り越したところで止まった。しかたなくいったん後部座席から降りたものの、後からチームカーが次々とすごいスピードでやってくるので危険を感じ、望遠レンズで数カット撮るとすぐにオートバイに乗ってゴールに向かった。

ただし、ゴールには間にあわなくなってしまい、ディレクターのボンファンティも僕がゴールに向かうのは許可しなかった。そのため、集団から遅れて苦しそうな表情で走るマリア・ローザのカヴェンディッシュを撮ることしかできなかった。

スペインのビシオソが勝ったシーンは撮り逃したが、表彰式だけは押さえておこうと、急いで表彰台に向かった。ところが表彰式はキャンセルされてしまい、すでに報道陣はプレスルームに向かっていた。そこで初めて、転んだ選手がベルギーのウォウテル・ウェイラントであり、命が危ないということを知った。そしてプレスルームに着いたとき、彼が亡くなったことを知らされた。実際のところ、落車の時点で命はなかったらしい。

プレスルームでデータ画像をパソコンに移して見てみると、道に横たわるウェイラントがシャープに写っていた。オートバイの上からはよく分からなかったけれど、即死と言われれば、たしかにそのとおりの画像だった。僕はすぐにパソコンをしまい、プレスルームを後にしてホテルに向かった。さもないと、大勢の人間が集まって来るに違いなかったからだ。ホテルにつくや否や、電話とメールが凄まじい勢いで入ってきた。僕がオートバイから降りたところがテレビに映っていたらしく、それを見ていた通信社や写真エージェントがいっせいにコンタクトをとってきたのだ。なかには、

「××の金額を払う。領収書はいらない」という電話もあった。たまたま集団の後ろにいたために、大事故の写真を撮ってしまったのだ。

もちろん、自転車レースの危険性は身を以て知っている。レースでの落車、あるいは練習での交通事故で命を落とした例は過去にもある。一九九五年のツール・ド・フランスで、バルセロナ五輪の金メダリスト、ファビオ・カザルテッリが落車死したときも、騒然とした雰囲気となった現場にい合わせた。

ただ、そうした死亡事故現場にたまたま出くわしてしまったことに激しく動揺した。そもそも、事故の写真を新聞社に送るべきかどうか考えざる得なかった。そして決めたのは、イタリアのガゼッタとコリエーレ（両紙は同系列）、フランスのレキップには送ることにした。掲載するかしないかは、向こうの判断にまかせればいい。それが僕に課せられた仕事なんだと言い聞かせた。

その夜はいろいろな考えが去来して良く眠れなかった。亡くなったウェイラントがブエル

タやジロで区間優勝したときのことはよく覚えていたし、妊娠中の奥さんがいることも聞かされていた。翌日のガゼッタとコリエーレは、潰れてしまった自転車の写真を使っただけで、ウェイラントが写っているものは使わなかった。レキップからは「現場の状況が過激で使わなかった」とメールが来た。僕は肩から荷が下りた気がした。写真が使われなくて本当に良かったと思った。

カザルテッリが落車死したときは、レキップもガゼッタも、そしてたぶん世界の多くの新聞が、血を流して路上に倒れている写真を大きく掲載した。またガゼッタは今回の事故でウェイラントのものこそ掲載しなかったものの、これまでのジロで落車死した三人の選手の現場写真をそのまま掲載した。

翌日のスタートに行くと、イタリアの国営通

ジロで区間優勝したときのウェイラント。(Giro d'Italia 2010)

ウェイラントの事故現場に残された自転車。

信社のベテランフォトグラファーが、

「写真がなきゃ、いったいだれが事故のことを分かるんだ。それが報道だ」と、数人のフォトグラファーを前に激しい口調で怒っていた。

僕は何も言わずにそれを聞いていた。

それから数日後、ジロはシチリアに入った。スタートまで時間があったので、バールにお茶を飲みに入ったら、イギリスのフォトグラファー、グラハム・ワトソンがいた。僕らは仲が良かった。僕は彼の仕事ぶりと人間性をリスペクトしていたし、彼もまた僕をリスペクトしてくれていた。ワトソンはずっと世界自転車競技連合（以下UCI）の仕事をしていたこともあって、世界で最も有名なサイクリング・フォトグラファーだった。世界選手権でもオートバイに乗って代表撮影を務めていたが、二〇〇五年のマドリード大会の前にメールを送ってきて、そこには「今回の世界選は君に代表撮影を任せる」と書かれていた。自分がついに世界の自転車界で認められたのだと感じ、すごくうれしかったのを昨日のことのように覚えている。

お茶を飲みながら彼は、

「ウェイラントの写真を送ったのかい?」と訊いてきた。実はあのとき、僕の後ろで彼がオートバイを止めたことは見ていた。ただ、彼が回りに対し、

「写真は撮ったけど、消してしまった」と言っていることを耳にしていた。僕は、

「撮ってガゼッタとレキップに送った。そこまでがフォトグラファーの仕事で、あとは先方の判断に任せればいいと思う」と言うと、彼は、

「オレも撮ったけど、その場で消したよ。見たとき、命がないとすぐに分かったから。たし

落車死したカザルテッリの記念碑の前に立つ両親と、彼の息子。
お父さんはときどきテレビに映る僕を見ていて、いつも笑顔で迎えてくれる。(Tour de France 2015)

ウェイラントが亡くなった翌日のスタート前の儀式。
このあと選手たちはゆっくりと走ったが、形式的なステージとなり、成績もつかなかった。(Giro d'Italia 2011)

かに、いろんなところから写真が欲しいという連絡が次々と来たけどね」と言った。
「それが君のポリシーなんだね」と僕が訊くと、
「イエス」と答えた。

二〇〇九年のジロで、スペインのペドロ・オリリョが崖から落ちた。オートバイでベルガモ近郊の峠を下っていたら、ガードレールに自転車だけが残っており、誰かが下に落ちたことは一目瞭然だった。上から崖を見下ろした時は、落差が数十メートルもあったので、間違いなく死んだと思ったが、奇跡的に一命を取りとめた。僕はずっとそこにいて、ヘリによる救助活動の写真を撮った。

オリリョはその大事故で選手こそやめたものの、普通通りの生活を送れるようにまで回復した。そしてブエルタで会った時、本人から事故の写真を求められた。ずっと手元に残しておきたいと言うのだ。それまでにも選手から落車したときの写真を見せてくれだの、プレゼントしてくれと言われたことは何度もあったが、あれほどの大事故でもそういうものなんだと改めて思い知らされた。

ウェイラントが亡くなった翌年のジロで、彼の奥さんが姿を見せた。もしかすると、奥さんは事故の写真を手元に残しておきたいと思っているのかもしれないと思った。けれど、うつむいて今にも泣きそうな顔を見ると、とても訊く気になれなかった。

崖から落ち、九死に一生得たオリリョがヘリで救出される。
(Giro d'Italia 2009)

仕事

自転車レースと一口に言っても競技の種類は多様だが、一般公道を使って行われるロードレースが最も人気がある。とりわけヨーロッパの多くの国で、サッカーの次に位置するスポーツと認知されている。

頂点は何と言っても男子のプロロードレースで、一月から十月にかけて世界の各地でほぼ毎日行われる。この中の主要なイベントを取材報道する仕事を始めて三〇年目を迎えるが、昨今のホテル暮らしは年間二〇〇日を超えている。日本の家はもちろんイタリアの家にいられる期間もわずかしかない。

プロのロードレースのことをもうちょっと説明しておこう。選手の個人参加は認められず、チーム単位での参加となる。細かなルールはときどき変わることもあるが、一つのレースで各チームはおよそ八名以下で構成され、だいたい一五〇～二〇〇人くらいの選手がいっせいにスタートする。

一日のレース、通称ワンデーレースではいちばん早くゴールした者が勝つし、数日間に渡るステージレースであれば、合計タイムがもっとも少なかった者の勝ちとなる。

このようにルールが単純な個人競技ながら、実際は各チームごとの戦いで、その内部は勝利を狙うエースと、これを助けるアシスト選手に分かれており、統一された意思の元にチームプレーが展開される。僕の場合、こうしたレースの写真をオートバイ上から撮ることが多い。ドライバーに運転してもらいながら選手といっしょに移動しつつ、後部座席でカメラを構える。

あまり重要なレースではない場合にはクルマを使うときもある。そのときはまずコースの道路わきに立って選手が来るのを撮る。撮り終えると、再びクルマに乗る。コース上は選手をクルマで追い越すことができないので、別の道を走って先回りしてコースに入るということを繰り返す。ところが道を間違えることもあれば、選手の到来が予想以上に早かったりすることも珍しくなく、思い通りにいかないことの方が多い。一日に撮れる回数は、せいぜい二、三回あればいい方だ。こんな能率の悪いことはやりたくないから、コース内を自由に走ることができるオートバイを雇って撮影する。選手を追い越すのはいつも可能というわけではないが、条件が整えば許される。選手に寄って撮影することもできるので、シャッターチャンスも格段に増える。

ただ、ドライバーの日当はもちろん、宿泊費や食費も払わなければならないし、何よりも一つのレースでオートバイの数が12台と制限されているから、許可が簡単にはもらえない。

オートバイに乗るフォトグラファー。1レースにつき最大12台という枠がある。（Tour de France 2012）

僕の場合、今でこそ国際的な仕事が評価されてオートバイを出せないレースはなくなったものの、認められるまでが大変だった。たとえば、世界で最も有名なツール・ド・フランスでオートバイの許可が下りるまで実に一六年もかかっているし、パリ～ルーベやリエージュ～バストーニュ～リエージュでいちばん上のカテゴリーのオートバイがもらえるようになって、まだ一〇年は経っていない。

さらに、クルマと比較して考えればオートバイの方が格段に危険と言える。僕もこれまで何度か転倒しているし、トラブルにも見舞われてきた。けれど、オートバイに乗っての撮影は、実際のところ習慣性を伴う中毒症状に近い。それは、世界の頂点を占める約二〇〇人の選手といっしょに走り、同じ空気を吸い、同じ景色を眺め、観客で埋め尽くされたコース上を集団《プロトン》となって走るという、いわば特権が与えられるからだ。こんな素敵な場所は他にない。

今から十数年前のことだが、世界自転車競技連合（以下ＵＣＩ）はオートバイで撮影している者から金を徴収しようと試みたことがあった。ＵＣＩ側の言い分は、あらゆるスポーツでフォトグラファーがオートバイに乗って選手といっしょに移動するのは自転車競技以外に見当たらず、それで金銭的な報酬を得ているわけだから、金を徴収してもおかしくないというものだった。

一方、僕らはスポーツの取材費を支払うなどあり得ないと反論し、結局この話はなくなった。ただ、やはり特殊な状況に置かれていることは分かった。


自転車レースは現在、世界中で急速に広まっているが、本場は昔から発祥の地ヨーロッパで、今もそれは変わっていない。コースとなるヨーロッパの道はヨーロッパにしかないからだ。底辺はものすごく広く、たとえばイタリアでは七歳からロードレースを走ることができる。それに女性や中年のレースなどもあるし、なかには「パン職人選手権」、「スキー教師選手権」、「警察官選手権」など百花繚乱。週末の朝など、僕が仕事の拠点を置いているミラノ郊外はサイクリストの楽園と化し、近くの道路だけでも一時間に軽く一〇〇〇人を超えるサイクリストが行き交う。

昨年、日本の若い女の子数人と話をしたとき、自転車レースもツール・ド・フランスも、見たことも聞いたこともないと言われて愕然となった。ヨーロッパにいれば、冬を除いてテレビの中継がほぼ連日のようにあるし、スポーツニュースでも取り上げられる。大きなレースではテレビのニュースや一般紙でも報道されるので、自転車レースに全く興味のない人でも、そういうスポーツがあることぐらいはみんな知っている。また、

「最近自転車に乗る人が日本でも増えて来ましたよね」と、日本の方からよく言われる。ただ、ヨーロッパの状況を見ていると、とても素直には同意できない。日本の週末のサイクリストの数が、ヨーロッパの平日の数の足元にすら及ばないのだ。

さらにびっくりしたことがあった。昨年、日本の地元の百貨店で写真展を開催してもらった時に、地元の新聞社とテレビ局各社を挨拶回りに伺ったのだが、そのうちのテレビ局一社が地元で大きなサイクリングイベントを開催しているにもかかわらず、その局の担当者が自転車レースのこともツール・ド・フランスのことも、なに一つ知らなかった。

僕はこの仕事の拠点をイタリアに置いているので、日本で情報のアンテナを張ることに怠りがちなのは自覚している。しかし、自転車レースというものが日本では相変わらずマイナーなスポーツであり、ほとんど認知されていないことを改めて思い知らされた。残念な限りである。

渡欧

ここで僕が自転車の本場であるヨーロッパに渡るまでの経緯に触れておきたい。

生まれ育ったのは富山で、幼少時からアルペンスキーをしていた。中学の県内大会で二度2位となり、全国大会に出場したこともあって、公立のスキー名門校に進学することになった。ところが高校ではせいぜい県内大会でたまに入賞する程度。本当は大学もスキーの名門校へ進みたかったけれど、高3のときのスキーの成績がひどかったので、あきらめた。もともとスキー技術が上手ではなかったのだが、高2のときの合宿で膝の内側の靭帯を伸ばしてしまい、その後満足に練習できなかったことが大きかった。

ちょうどその頃、自転車との出会いがあった。努力すれば報われるスポーツと勝手に決め込み、スキーでの挫折感を癒す意味もあって、のめり込んでいった。大学には通常の入試で進学し、住まいを置いた三鷹からいろいろなところに走りに行った。そして立川にある〈なるしまフレンド〉という自転車屋に入り浸った。

大学三年のときのことだ。狭山湖周辺で自転車に乗っているときに、無謀運転のオートバイにはねられ、脛の骨が飛び出すという重傷を負って病院に六ヶ月入院した。とくに最初の二ヶ月はベッドに縛り付けの状態で、寝返りを打つことも許されず、地獄の苦しみを味わった。大学も一年休学することになった。

それでも自転車から離れられずにいた。ある日、なるしまフレンドで働いていた保泉さんから、

「自転車の本場はヨーロッパ。日本で君たちがやっていることは、はっきり言って自転車競技じゃないんだよ」と、衝撃的な言葉を聞かされた。

この頃の日本は、たしかに何もなかった。テレビによるツールやジロ、世界選といったビッグレースの放送は皆無。年に一度、民放でツールのダイジェストをやればいい方だった。自分たちが走るレースもひどかった。国内のロードレースではお釜の形をした競輪ヘルメットが義務付けられ、その重さとかっこ悪さに辟易していた。選手たちの練習といえば、ただただ毎日全力で走ることのみ。振り返ってみると、本当になにひとつとして真っ当なものがなかったのだ。これでは選手もレースも文化も生まれてくるはずがない。そんな中で保泉さんの言葉に刺激されたこともあり、自分の目で自転車の本場をどうしても見たくなった。

大学生活でも周囲は就職活動を始めていたが、僕は一切しなかった。やったことといえば、自転車に乗ることと、貯金のためのアルバイトと、英語の勉強だった。ヨーロッパ行きを決心したとき、大学の英語の選択授業を受けようと思ったけれど、簡単なテストにもかかわら

ず意味が飲み込めず、授業に参加することを許されなかった。だから、ＮＨＫのテレビとラジオの英語講座を毎日勉強することにした。

自転車の二大大国、それはイタリアとフランスだということくらいは知っていた。実際に自転車を持って外国に行った人の話を聞いてみて、フランスの徹底的個人主義というものにおじけづいてしまい、消去法でイタリアに決めた。しかし、イタリアに行くのだったらイタリア語を勉強しなければならないはずなのに、英語の勉強というのは的が外れている。今、考えるとおかしなことをやっていたものだが、当時はインターネットがまだなかった。情報を得ること自体が大変だった時代だった。そんなこともあって、外国に行くには、とりあえずオールマイティーな英語と考えたのだと思う。

大学を卒業した一九八五年二月、大学生協で買い求めた大韓航空の一年間オープンの航空券を使い、交通事故の慰謝料一五〇万円とアルバイトで貯めたお金を携え、輪行袋に入れた自転車を一台背負ってイタリアのミラノに渡った。正確にいうと、卒業できたかどうか分からない状態での見切り発車だった。後日、友人に卒業したことを確かめてもらい、卒業証書は実家に送ってもらった。

飛行機は南回りで、成田からチューリッヒまでほぼ丸一日かかった。今の人たちには、「南回り、北回り」という言葉すら理解してもらえないと思う。そのとき、スイス上空で雪をかぶった山々に感動したのは今でも忘れられない。そのあと、チューリヒから汽車でミラノに入ったのだが、どんよりとした空と汚れた街はスイスと随分違っていたし、行く先が決まっていないこともあって心は重かった。

保泉さんからの情報では、ミラノにパラッツォ・デッロ・スポルトという屋内競技場があって選手がそのトラックに集まってくるので、そこで話をつけてクラブに入れてもらえばいいということだった。日本の学校単位のスポーツとは違い、ヨーロッパでは町の中にあるクラブに入らないことには始まらないのだ。

ミラノに着いてすぐにパラッツォ・デッロ・スポルトに行ってみたが、鎖がかかって中に入れなかった。近くにいたタクシーの運転手に聞いたら、その年の記録的な大雪で屋根が落ちてしまい使用不可能とのこと、僕は途方に暮れてしまった。

そこで、ミラノ市内にあるイタリア自転車競技連盟に行ってみた。本部はローマにあり、ミラノは支部だ。話をしていると、そこに大柄な人が入ってきた。アルドという名前の人で、連盟の倉庫番だという。

「オレは空いているアパートを持っているし、自転車クラブも紹介してやる」という話になり、そのアパートを見せに連れていってくれた。横にイタリア自転車連盟と大きく書かれたルノーのステーションワゴンで、高速道路を一四〇キロで走った。当時のイタリアではシートベルトはあるのだが、するという規則も観念もなく、助手席の自分だけが締めるのも運転を信用していないようでしなかった。そして一四〇キロで流れているイタリアの高速道路に驚かされ、全身に力が入ってしまった。

アパートを見終わると、再びミラノのホテルに送ってくれ、そして翌日にバスでアパートのある村に向かった。ただ、バスの切符をどこで買うのか分からず、そのまま乗り込んだ。そこにたまたま検札が来たので僕は金を払った。妙に高い切符だと思ったが、後から知ったのはそれが無賃乗車の罰金だったことだ。そのときの僕にはそのことすら分からず、覚えたばかりの、ありがとうの意である「グラーツェ」を繰り返したのだ。どうりで周りの乗客たちが哀れな目で見ていると思った……

こうしてとりあえずの住まいが決まった。そのあと、部屋の次に欲しいものはないかとアル

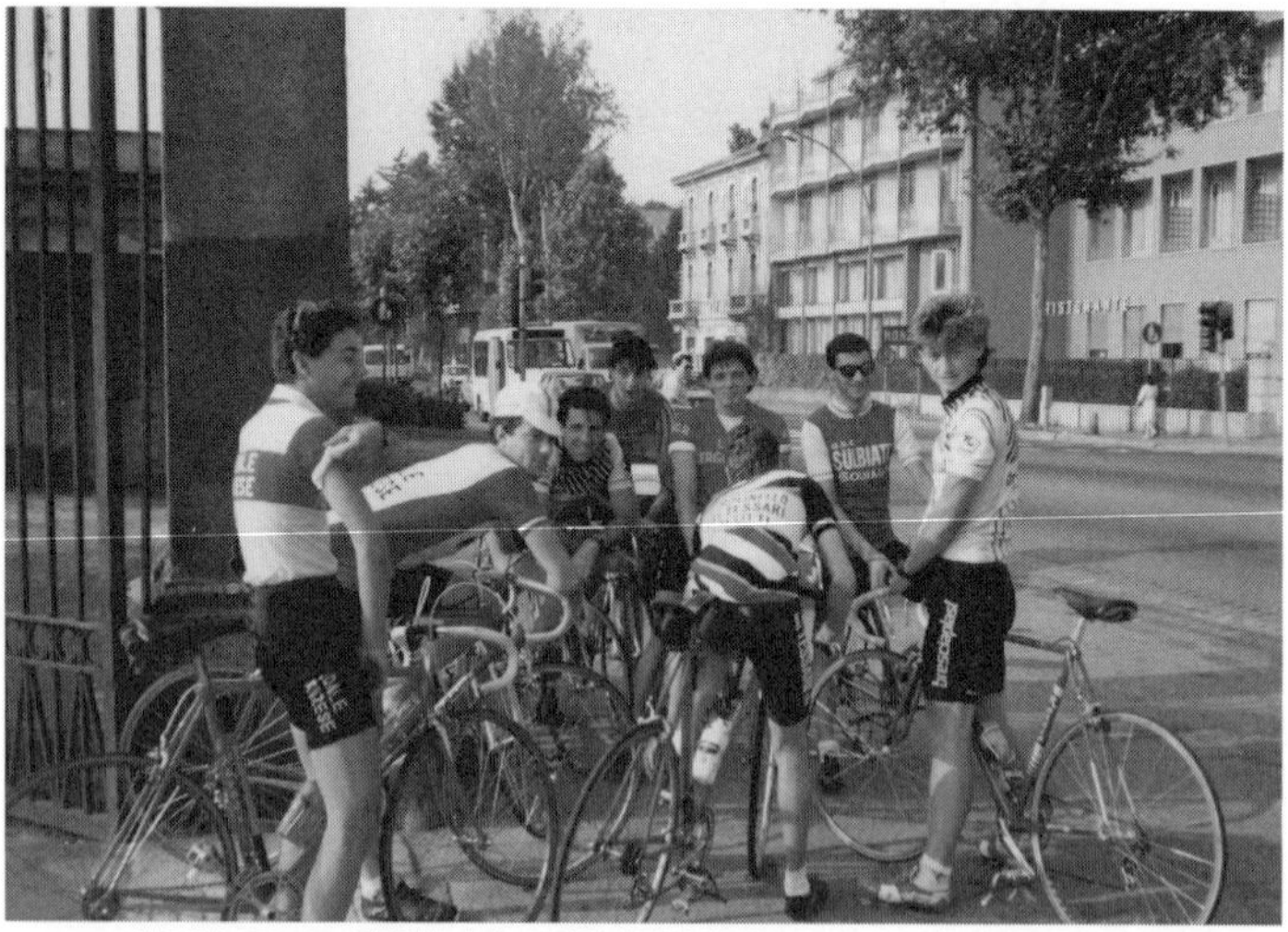

朝の9時、モンツァの宮殿前に集まって練習に行く近所のディレッタンテ（今のU23）とジュニアの選手たち。この中だけで3人がプロになった。

選手たちの練習風景。ゆっくり、長く、そして楽しい練習ばかりだった。

ドに聞かれたので、先ずは自転車のポンプが欲しいと言った。そして郊外にある彼の知り合いの店で、シリカのポンプを購入した。

その帰りである。アルドが警察のネズミ捕りに引っかかった。僕は助手席でその様子を見ていたのだが、彼は運転席から降りると、警察官を前に話し始めた。そのジェスチャーといい、声のボリュームといい、まるで演説のようだった。

僕はまだイタリア語が分からなかったのだが、言っている内容は大体飲み込めた。というのは、車の横に書かれているイタリア自転車競技連盟という文字、それから僕の顔を指差し、選手という意味のコッリドーレだの、日本人という意味のジャッポネーゼという単語を口にしたからだ。つまり、

「自転車選手を目指してやってきた日本人の

手伝いをしているイタリア自転車競技連盟のオレが、なぜ捕まらなくてはいけないのか」とぶちまけているのだ。

警察官は面倒臭そうな顔つきで、「もう行ってよし」と、面倒臭そうに手で追い払った。アルドは何もなかったような顔つきで、再びハンドルを握った。

早くもイタリアに圧倒された一場面だった。

イタリア生活

いよいよアルドに連れられて自転車クラブを回った。まずはゾッコリネーゼというクラブと交渉してくれたが、すでに定員に達しているからと断わられた。ちなみにこのクラブはのちに大きな強豪クラブと合併し、ロシアからポポヴィッチという怪物（現トレック監督）が加入したこともあって、国内屈指となった。

次にモンツァにあるディロレンツォという自転車屋のクラブに掛け合ってくれ、そこで話が決まった。オーナーはジャンニとアルフィエロという兄弟で、共に優れた選手だった。とくに長男のジャンニはモルテーニやブルックリンという超一流のプロチームで走った経験を持つ。引退後はメカニックになり、数年前のリクイガスの解散と共にプロレースの世界から足を洗った。僕はこの仕事を始めてから彼にプロレースのいろいろなことを教わった。アルフィエロはアマ時代に一二三勝して、メキシコ五輪のプレ大会にイタリア代表で出場したし、彼らの父親もフランスの名選手ジャック・アンクティルのメカニックを務めたという、典型的な自転車一家だった。ただ一九九〇年代後半になると、

「もしオレの息子が選手になりたいと言っても、賛成しない」とジャンニがよく漏らしていた。自転車界に出回ってとどまることを知らないドーピングの実態を目の当たりにしていたからだ。

チームメンバーは一〇名ほどで、そのうち三名がのちにプロになった。一人はマリオ・シレーアで、世界選100kmチームロードで金メダルを取ってプロに転向し、その後はマリオ・チポッリーニの列車要員を務めた。今はUAEの監督をやっている。

もう一人はマウリツィオ・スプレアフィーコ。小さなチームで数年プロとして走り、今は自転車屋を営んでいる。息子も今年アンドローニに入ってプロとなった。

そしてもう一人はジャンニ・ブーニョである。この頃から名前は全国に響き渡っていた。なに

1985年にイタリアで入っていた自転車クラブ、GSディロレンツォ・カノヴァカーゼ。この中で3人がプロになった。

1985年のアマ・イタリア選手権。逃げのグループに入ったブーニョ（先頭から2番目）。
この数ヶ月後、スタジエール（テスト生）としてプロチーム・アタラに入る。

しろ、その二年前のアマ国内選手権で100kmを一人で逃げ切って優勝するという伝説を持っていた。この一九八五年にテスト生としてプロ入りするが、のちにミラノ～サンレモで優勝した後、ジロ・ディ・イタリアで初日から最終日までマリア・ローザを着続けるというとてつもない記録を打ち立てる。世界選手権も一九九一年から二連覇した。

今はヘリコプターのパイロットとして忙しくしているが、かつての栄光の品々、たとえばジャージだとか自転車だとかは全部処分してしまって、自宅にはなにひとつ持っていないという。しかし、国際プロ選手会の会長を務めるなど、周りが放っておかないような厚い人望を集めている。僕がこの三〇年間見て来た中で、いちばん好きな選手である。

クラブは決まったものの、レースには出られなかった。というのは、イタリアのレースを走るにはイタリア自転車競技連盟が発行するライセンスが必要であり、僕はそれを持っていなかったのだ。当時も国際ライセンスなるものがあり、それは日本の連盟に申請すればもらえたものの、現地に行ってみると何の役にも立たない、ただの紙切れだった。

イタリア車連のライセンスを僕のような外国人が得るのは大変なことだった。周りの人に何度も掛け合ってもらって分かったのは、イタリアで学生になるか、働くかのどちらかの条件が必要だった。僕は単なる観光客としてイタリアに渡っており、留学でも就職でもなかったから絶望的だった。そんなとき、友人からペルージャ大学に外人を相手にイタリア語を教えるところがあり、そこに入学して大学生になればいいのではないかというアドバイスをもらった。

そこで、早速ミラノから汽車でペルージャに行ったが、当時の僕はイタリア語ができなかった。その辺りに住む日本人で誰かイタリア語に堪能な人はいないかと訊くと、山根大助さんがいいと紹介され、住所を教えてくれた。山根さんのアパートを訪ねて事情を話すと、早朝にもかかわらず、親切に学生課に同行して通訳してくださった。ペルージャ大学に入学するにも、書類上近隣の住居が必要だった。ちょうど日本からやってきて入学手続きをしている人がいたので、書類に書き込む住所を貸してくれないか頼んだ。彼はすぐにOKしてくれたのだが、いっしょに日本から来ていたイタリア人神父が流暢な日本語で、

「実際に同居するわけではないけれど、住所を貸すわけだから、相応のお金を支払わなくてはならない」と言う。

僕は持っていた日本円で、一〇万円だか二〇万円だかを手渡した。イタリアのライセンスが手に入るなら、もったいないなどとは言っていられない切羽詰まった状況だった。それから、学生課で通訳をしてくださった山根さんにあとでお礼をと思い、日本の住所を手帳に書いてもらった。

手続きを終えた後、せっかくペルージャまで来たのだから、シエナまで足を伸ばして観光することにした。シエナでは、数時間前に住所を借りた学生とイタリア人神父にばったり出会った。そして神父さんが、

「君からお金を取って、悪いことをした」と言われ、全額を返却してくれた。

たまたまシエナに行ったからこんな奇跡的な再会があったわけで、なんだか運命的なものを感じた。ただ安心したのか、帰りの汽車の中で寝てしまい、乗り継ぎの電車を逃してしまった。僕がモンツァの駅に着いたのはすでに夜で、そこからのバスはもうなかった。

家までの10kmほどの道を走っていたら、気のいい若者がオートバイでやってきて、

「乗せてってやるよ」と、家まで送ってくれた。当時のイタリアは原付はもちろんのこと、大型のオートバイだってヘルメットの着用が義務ではなく、気軽に二人乗りができたのだ。

ペルージャに行ったのはわずか一日だったけれど、なんだか数年分の出来事のような充実感があった。そして、しばらくしてイタリア自転車連盟の発行するライセンスがディロレンツォに届いた。飛び上がるくらいにうれしかった。

何年も経ったある日、日本の本屋でたまたま料理雑誌を開いてみると、山根さんが出ていてびっくりした。イタリア料理界の重鎮マルケージなどで修行された後にシェフとなり、成功を収められていたのだ。

山根さん経営の大阪のレストラン、ポンテ・ベッキオに僕が直接会いに行ってお礼をしたのは二〇一七年、つまり三二年も後のことだった。ご本人は当時のことを忘れておられたけれど、僕のジロの写真集をプレゼントすると、山根さんもこれまで出された本をプレゼントしてくださった。このとき、つくずく人には親切にするものだと思い知った。

クラブに入り、レースにも出られるようになって、とりあえず形にはなった。普段の練習はその辺に住んでいる選手といっしょにやる。平日の朝九時、モンツァの宮殿の前に行くと、いろんな選手がやって来る。ジュニアもいれば、プロが来ることだってある。

練習コースはカリスマ的存在だったブーニョが決めるけど、走るスピードはとにかくゆっくり。いちばん遅いのはブーニョだった。二列になって隣同士、世間話をしながら走り続け

山根大助さんを訪ねて家族といっしょに大阪のレストラン、ポンテ・ベッキオに。
ペルージャ大学で親切にしてくださり、32年後にお礼することができた。

る。距離は70kmから120kmくらいで、レース前日でも50km以上、ときには100km以上走る。とにかく、日本の連日の全力走行とは正反対の練習だった。そして、途中から次々と選手が合流して来て、あっというまに二〇人、三〇人に膨れ上がった。そんな様子を年金生活の老人たちが道に立ってニコニコしながら見ているのだ。こうしたところでも、イタリアの自転車文化のすごさをひしひしと感じた。

ディロレンツォの選手はもちろん、アマ最高カテゴリーであるディレッタンテのほとんどの選手が無職で自転車に専念していた。当時のイタリアには徴兵制度があり、そこが岐路となっていた。それまでに良い成績があれば軍隊でも練習時間が与えられ、徴兵が終わった後も自転車を続ける、あるいはプロになるなどするが、そうでなければ別の仕事に専念するという二者択一だ。今は徴兵制が廃止されたけれど、イタリアも少子化が進んでおり、以前のようにアマチュアの選手たちが午前中にグループを作って練習する風景があまり見られなくなってしまったのは大変残念だ。

レースのレベルはというと、無職で自転車に打ち込むプロ予備軍が顔を揃えるから、事実上すでにプロレース並だった。もちろん、当時の日本のレベルとは大人と子供の差である。大雑把にいうと、全日本選手権などの日本のトップレースがイタリアのジュニアくらいのレベルだったと思う。

レースは毎週火曜、土曜、日曜と三回あって、火曜日は例外なく平坦コースだ。しかもどんなに車で走っても一時間半くらいの範囲で開催される。レース会場に行くのに、その手前にあった別レースの受付に行ってしまったこともあったほどだ。また、レース中に向こうから別のレースが来ることもしょっちゅうあった。イタリアはまさに自転車大国だった。優秀な選手が続出するのは、ある意味当然の環境である。かたや当時の日本は日曜日に全国で一つあればいい方だった。そんなイタリアだが、前出のポポヴィッチら外人選手がイタリアのレースを席巻したこともあり、外人への規制が年々厳しくなる傾向にある。連盟の規則も実情に合わせてしょっちゅう変更になるので、もしイタリアでレースを走りたいと思ったら、気をつけるべきだろう。

日常生活についていえば、外人など来ることがないような村に住んだためか、人懐っこいイタリア人たちが近づいて来て、同年代の友人がすぐにたくさんできた。同じアパートに住むおばさんたちは、絵に描いたようなお節介なイタリアのお母さん《マンマ》で、僕が部屋を散らかしていると勝手に入って来て掃除しだしたこともあった。イタリアの母親たちにとって、自分の息子が外国に行ってしまうというのは考えられないことなのだ。

毎日の生活でひとつ大きな問題があった。アルドが貸してくれたアパートにはシャワーがなかったのだ。僕はプラスチック製の大きなタライを購入し、毎日そこで行水することにした。しかし、ここで体と髪の毛を洗い、脚の毛を剃ると、もう自分の身体から出たものとは思えないほどお湯が汚れた。そのお湯も給湯器を介して蛇口から出るのではなく、大きな鍋で沸かさなくてはならなかった。便所だって水洗ではなく、バケツの水を自分で流していた。三ヶ月後に友人が近くの体育館と交渉してくれ、ようやく熱いシャワーを浴びることができたけれど、言ってみれば、最低の生活だった。それでも、自転車大国イタリアに身を置ける幸せで、全く気にならなかった。

食事は近くの大衆食堂に昼夜ともに通った。年金生活者の溜まり場みたいなところで、そこで毎日のように常連客やおじいちゃんたちと話をするようになった。それまで片言の英語しかできず、イタリア語の辞書も参考書もないという状態だったが、四ヶ月目から英語よりもイタリア語の方が多くなった。僕のイタリア語は学校で学んだものではなく、普段の生活の中で覚えたので、言葉のアクセントもミラノのものだ。イタリア人と話をすると、ミラノ訛りの言葉だとすぐに分かるようだ。

昼夜に渡って通い詰めたトラットリーア・コンバッテンティという件《くだん》の食堂は、ルイージャとパオロという老夫婦が経営していた。美味しくて値段が安くしかもボリュームもあったので、肉体労働者であふれかえっていた。給仕が追いつかず、客が勝手に厨房に入って料理を持っていくものだから、事実上セルフサービスの店みたいになっていた。客が「まるで軍隊の食堂」と笑っていたが、あんなに活気のある食堂は、世界中かなりのところに行っているけれど、いまだに見たことがない

ある日、僕が仲間と練習している時にクルマが横から飛び出したことがある。当時選手たちはレース以外でヘルメット（革製のカスク）を身につけることは皆無で、当然僕もそれに倣っており、落車して頭を打った。救急車で病院に送られたのだが、片道一時間以上かかるようなところだったにもかかわらず、ルイージャとパオロは僕を見舞いに来てくれた。そんなこともあって、僕にとってこの二人はイタリアにおける両親のような存在となった。お二人とも現在もお元気で、妻や二人の娘ともども家族のように可愛がってくれている。

航空券は一年オープンだったし、冬までずっといようと思っていたが、秋になって腹痛に襲われることが多くなった。医者に行っても原因がよく分からず、帰国を早めることにした。

ルイージャとパオロの老夫婦。この2人に助けられて今の生活がある。

今から思うと、やはり外国生活によるストレスが重なっていたのだと思う。

その頃は、イタリアの自転車のすごさに半分驚きつつも、半分は叩きのめされていたのが事実で、もうイタリアに戻ることはないと思っていた。帰国時には村の人がルイージャとパオロのコンバッテンティでパーティーを開いてくれた。イタリアを離れてスイスに向かい、新田次郎の本をガイドブック代わりに数日間旅行し、思い出も作って帰国した。

日本では父親が地質調査の会社を営んでいたこともあり、すぐにそこで働き出した。

仕事開始

世界の自転車競技の中心地イタリアで大きな経験をし、しかもその間一年近く、日本語を使うことがない生活だった。日本に帰国したあとのカルチャーショックも加わって、うまく社会復帰ができなかった。本場で自転車漬けの生活をしていた人間が、土を相手の家業に専念するにはやはり無理があったのだと思う。父親ともうまくいかず、精神的に相当辛い時期だった。

ちょうどその頃、『ニューサイクリング』という月刊自転車雑誌から、イタリアでの体験談を書いてみないかと話を持ちかけられた。連載は一三ヶ月間続いたが、思いの外、好評だった。ある日、湘南にある自転車工房に行ったら、マガジンハウスの『ターザン』の副編集長をやっていらした林俊磨さんに偶然お会いした。

「君の連載を読むために『ニューサイクリング』を買っているよ」と、声をかけられ、「なにかアルバイトがあるかもしれないから、連絡先を教えてほしい」とも言われた。

この林さんとの出会いが、僕の人生を変えてしまう。というのは、そのあとに臨時増刊号の記事を依頼されて、それをこなしたときのギャラがあまりによく、出版業界ってこんなにすごいところなのかと大きな勘違いをしてしまったのだ。実際のところ、当時はバブル期でしかもマガジンハウスは業界の中でもとくにギャラが良かったのだ。その上、林さんがさらに上乗せしてくれた部分もあったのだ。当時のマガジンハウスの太っ腹ぶりには数々の伝説がある。その一つは、経費を使いすぎた編集者が「現地で象を購入したのに持ち帰れなかった」という言い訳をし、それが会社で通ったというものだ。複数の人からこの話が事実だと教えられた。

一九八八年、父が他界した。僕は母一人の家を守っていかなくてはならなかった。そこで、富山の家に住所を置きながらもイタリアと往復し、自転車レースの取材を職業にして行くことを決心した。

翌一九八九年、再びイタリアに渡った。四年前にイタリアに初めて行ったときは自転車を担いでいたけれど、今度はカメラとワープロ持参だ。僕は中学の時から趣味で写真を撮っていたが、写真学校で学んだわけでもないし、アシスタントの経験もなかった。それに東京に住まずに富山を拠点にするなんて無理という人もいた。

家族からは日雇いのアルバイト暮らしだけはするなと言われた。先のことを深く考えていなかったこともあるが、外国生活にはすでに自信があったので、自分の信じる道を進んだ。

とはいえ、この時も住居も定めないままイタリアに渡ったので、今から考えると、かなり無謀な行動であったと思う。

しかし、最も大変なのは、日本の自転車競技界の状況だった。当時ヨーロッパで走るプロ選手は市川雅敏しかおらず、当時の状況を一言でいうと、自転車イコール競輪、競輪イコール中野浩一、中野浩一イコール世界選10連覇。以上がすべてだった。けれど、「中野浩一・世界選スプリント10連覇」と報道しなければならないところを、長らく世界選スクラッチ10連覇と書いていた。

僕は今でこそ営業というものをしないけれど、初めのころは人並みに東京でよくやった。だが、自転車の自の字も知らない人にレースを説明するなんて、それはもう大変な労力が必要で、しかもそれが仕事に結びつくことはまずなかった。見たことがない人にいくら説明したところで、猫に小判、幼稚園児に政治の話をするようなものである。ではヨーロッパはどうだったかというと、それはそれで大変だった。自転車の歴史も文化もない日本から本場に行くわけだから、好奇な目で見られるのが普通だった。冷遇されることもあれば、被差別を覚える場面も多々あった。

今でこそ、日本は世界屈指の先進国とみなされているけれど、おそらく60年代くらいまでは、なんでも真似をするアジアの国の一つくらいにしか思われていなかったのではないかと思う。ちょうど今の中国に似ている。実際、僕が写真を撮ると、

この仕事を始めた1989年当時、日本のプロロード選手は市川雅敏だけだった。(Giro d'Italia 1990)

「日本人がオレたちの真似をして撮りだしたよ」と、聞こえよがしに言う者もいた。

日本には国が発行する記者証がないのも辛かった。ヨーロッパには国が発行する身分証明書があり、それがあれば様々なスポーツの取材が可能になる。僕が最初に取得したのは国際自転車競技ジャーナリスト協会の記者証だった。今のように日本支部もなく、会長であるフランス人のクロード・シュードルに直談判して獲得した。記者証は入手したけれど、何も変わらなかった。世界選手権では何年もの間、ゴールラインに立つことができなかった。さらに、レース会場でマウンテンバイクの世界選手権のことを聞いた時には、シュードルは変なことを聞く奴だという顔つきで、

「ここは自転車レースの団体であって、マウンテンバイクのことなんか分からないよ」と一

笑に付され、ジャーナリストたちの前で笑い者にされた。マウンテンバイクがまだ確立されたスポーツとみなされていなかったとはいえ、日本出身というだけで馬鹿にされたのだ。まあ、そのときの状況を例えるなら、相撲の世界に飛び込んで取材しようとあがいている外人みたいなものだった。

当時はまだデジタルカメラが出ておらず、新聞で仕事をするフォトグラファーはレース会場でモノクロフィルムやネガフィルムを現像し、それを電送機で送っていた。その頃の僕は新聞の仕事がなかったので写真をすぐに送る必要はなく、使っていたのは雑誌の世界で主流だったリバーサルフィルム、別名スライドフィルムだった。ジロやツールでは大会期間中に何度かプロラボに行って現像してもらい、レースの合間を見て整理を進めていき、必要があれば日本に国際宅配便などで送るというやり方だった。

プロラボというのは現像所のことで、日本国内のちょっとした都市ならば探すのにたいした苦労はなかったが、ヨーロッパでは数が限られていた。イタリアはまだ良い方で、フランスはあれだけ大きな国なのに現像できるところが少なく、料金もイタリアの倍掛かった。

とにかく日頃から回りのフォトグラファーと情報を交換し合い、どこで現像できるかを教えあっていた。そして誰かが現像に行くとついでにお願いしたり、あるいは逆に自分が行くときには他のフォトグラファーのものを預かった。

リバーサルフィルムの現像は一時間半くらいで仕上がるものの、プロラボを探し出すのと、レースとレースの合間を見て行くまでの過程を含め、時間とエネルギーを使う大変な仕事だった。

自宅にいるときは、ミラノのロレート広場にあったプロラボに通い詰めた。ロレート広場は殺されたムッソリーニが逆さ吊りにされて見世物になったところだ。ご存知ミラノは世界のファッションの中心地の一つだ。そのプロラボには世界中からモデルの卵が集まってコンポジットといわれるブロマイドのための写真も持ち込まれた。オーナー夫婦は英語ができなかったので、初歩的な英語しか喋れない僕がよく通訳に駆り出された。身長一七二センチの僕がさらに見上げなくてはならない美女たちを相手にだ。

リバーサルフィルムの現像のあとの仕上げには二種類ある。日本のフォトグラファーの間ではスリーブ仕上げが主流で、五、六コマつながった状態のものをシートに入れ、その中から良いものを選んでハサミで切り取るやり方だ。一方、ヨーロッパのフォトグラファーはマウント仕上げと言って、スライド用のマウントに一コマ一コマ入れて細ガキのペンで大会や選手名などを書き込むのだ。

僕も最初はスリーブ仕上げにしていたが、すぐにマウント仕上げに切り替えた。スリーブ仕上げは写真を素早く一覧できるのがメリットだが、選手名などを書き込めないために細かくは管理できない。仕事先が特定一社だけなら問題ないけれど、将来の再利用は難しい。そして、マウント仕上げに替えたことがのちに生かされることになった。膨大な数の写真をうまく管理することを覚えたおかげで複数のクライアントを持つことができ、今に至っている。もし日本流のスリーブ仕上げを続けていたならば、その先はなかったはずだ。日本を飛び出したことが逆に幸いしたのだと思う。

マウント仕上げはスライドの型枠に入れるので厚みが増し、その分場所をとる。やがて日本の書斎に入りきらなくなったため、自宅の敷地に残っていた蔵を写真保管庫として改装した。家を建てるときにその蔵を壊す話が持ち上がったが、僕は天然のクーラーでもある建物の価値を認識していて、曳家《ひきや》と言うのだが蔵を木のレールに乗せて移動させてまで保存にこだわった。その費用に加え、中の改装と地震対策はかなりの出費だった。

一般の人にとって、プロのフォトグラファーというのは、写真をうまく撮ることしかイメージできないかもしれないが、それはあくまでも仕事の一部分だ。実際は撮った写真を整理・保管し、運用していくことが収入につながっていく。まして自転車レースの場合、ホテルやオートバイの運転手の確保、飛行機などの切符の手配など、やるべきことが山積みだ。早い話が、写真を撮りに行く準備から始まり、そして撮ったものを換金するまでが仕事ということだ。デジタル化になった今もそうした根底部分はなにひとつ変わっていない。

さて九〇年代の中頃、イタリアは自転車熱がすごく盛り上がった。原因はいくつかあるが、

1994年のジロでプロ2年目のパンターニが2つの山岳ステージで連勝し、人気が沸騰。世間の自転車熱も加速した。
(Giro d'Italia 1994)

まずはパンターニの出現である。それまでの数年間はインドゥラインに象徴されるように、チームでレースをコントロールし、山は無難に走りきってタイムトライアルで勝敗を決する展開が主流だった。パンターニはこのやり方を根底から覆し、昔のレースのように山場を勝負どころにした。その結果、自転車の人気が一気に盛り返したのだ。僕の知る限り、イタリアでこの三〇年間、テレビのコマーシャルに出演した自転車選手はブーニョとパンターニだけだ。

加えて世界的なマウンテンバイクのブームが追い風となり、イタリア国内の雑誌はロードとMTBを合わせると二〇を超えた。

その頃、フランス人女性が編集長を務める月刊誌が生まれた。写真の使い方もデザインもなかなか凝ったものだった。波長が合ってすぐに採用されたが、編集長が写真にこだわるあまり、一日に二回も編集部に呼び出されたりしたが、みんなで良い雑誌を作ろうとする熱意に押されて僕もできる限り応えた。

ちなみに、お昼のサンドイッチにすら赤ワインを飲む女性を僕はこのとき初めて見た。自分で「フランス人過ぎる」と笑っていたが、イタリア女性とは一味違うと半ば感心して見ていた。そんな編集長が作る雑誌は魅力的だったけれど、結局は経営に行き詰まって廃刊となった。僕への未払いが数十万円あって、もらい損ねた。

この雑誌がらみでは、もう一つショックなことがあった。この雑誌の編集者が日本旅行の際、日本の自転車月刊誌を買って編集部に持参したのだ。そこには僕が撮ったレースの写真が掲載されていたのだが、お買い物自転車選び講座まで掲載されている、イタリアで数ある雑誌とは似ても似つかないものだった。扱われている主なものはスポーツとしての自転車ではなく、移動手段としての自転車いわゆるママチャリなわけで、それまで僕は恥ずかしくて本場の人に日本の雑誌を見せることができなかったのだが、ここでバレてしまったというわけだ。

「これにお前の写真が載っているけど、これはどんな雑誌なんだ？　自転車でもないし、スポーツでもないし……」と言われた時は、顔から火が出るほど恥ずかしかった。

一連の出来事から、僕は二つのことを固く心に誓った。

まず、海外のクライアントから金を取り損なわない方法を身につけること。請求書を出せば一、二ヶ月後に振り込まれる日本とは大違いで、有名な会社でも半年待ち、一年待ちなどは普通だった。ちなみにこの状況は今もまったく変わっていない。二つ目は、ヨーロッパの媒体で仕事を増やすことだ。自転車の世界はあくまでもヨーロッパが中心であり、日本でどれだけ写真が媒体に掲載されても評価が得られないのだ。それは今でも世界選手権やツール・ド・フランスに行けばはっきりしている。どんなに華々しく日本で仕事をしたとしても下のランクのビブしかもらえないのだ。何より、ヨーロッパでの仕事の場合、自転車レースを説明する必要がない。知らない人などいないのだから。

ちょうどこの頃、新聞や雑誌でグラツィア・ネーリというミラノにある写真エージェントの名前を見かけるようになった。写真の世界では有名な名門エージェントで、それなりに格式もあったが、スポーツの分野では新参だった。

ロレート広場の現像屋の主人に相談すると、

「よく知っているから紹介しよう」と言ってくれた。

チャイナタウンの横にあったグラツィア・ネーリを尋ねると、そこは大きな数階建ての建物で、写真が山のようにストックされていた。そして、その場で僕の採用が決まり、実質、自転車部門を任されることになった。基本的に売り上げの半分は手数料として取られてしまうが、金を取り損なう心配はないし、僕のことをメディアに売り込んでくれる。事務や営業の連中と食事もよくいっしょにしたので、業界の動向をはじめ、写真の売り方、イタリア人との付き合い方など、多くのことを学んだ。自分が満足するだけでなく、クライアントが満足する、つまり売れる写真を撮ることも覚えた。

グラツィア・ネーリはいくつかのクライアントもつけてくれた。ミラノのガゼッタ紙とコリエーレ紙、月刊自転車雑誌チクリズモ、トリノのラ・スタンパ紙とコリエーレ・デッロ・スポルト紙、パリのレキップ紙などで、頻繁に写真が掲載されるようになった。またジロの大きなスポンサーであるエスタテやマツダなどの仕事も取ってきてくれた。

さらにガゼッタの雑誌部門はジロの季節になると、契約金の半額を前払いで振り込んでくれた。もうそれだけで三週間のジロを取材するには十分だった。編集長はレキップ紙の雑誌の編集長と共に、世界スポーツフォトコンテストの審査員を務めている人で、僕のことを可愛がってくれた。

たとえば、ある年のツール・ド・フランスが終わって僕はパリからクルマを徹夜で走らせてミラノまで帰ってきたのだが、自宅に着いたときには心身とも疲労が限界に達していた。なにしろ、140km以下では走らないようにと誓ってパリを出発し、一〇時間休みなく夜通しで運転してくるのだ。そして締め切りを過ぎているのを知っていながらベッドに倒れ込んでいたら、電話で叩き起こされた。普通だったらそこで仕事を干されるものだが、編集長は特別扱いで僕を待っていてくれた。

それまでは日本の月刊誌からページ単位のギャラをもらっていた。その仕事こそ続けたものの、お買い物自転車まで乗っているような雑誌への興味はまったくなくて、本場での仕事を貪欲にこなした。そして取材可能なレースはすべて行った。一九九五年はほぼ日本に帰国せず、当時あったロードレースのワールドカップ全戦に足を運んだ。そこまでやったのは世界広しといえども僕一人だった。

それから、エージェントを通して仕事をするにしても、僕は写真が自分の名前で出ることにこだわり、SUNADAというクレジットを必ずつけてもらった。これはフォトグラファーとして非常に大事なことである。この仕事をやっている者のなかには、金になるだけでいい、あるいは自分の名前では掲載してもらえないからと、下請けをやっているフォトグラファーもいるが、はっきり言って将来は暗い。自分が撮ったという証拠は、そのクレジット以外にないのだ。出版物の提出を求められたとき、どんなに口で言ったとしても、負け犬の遠吠えとしか思ってもらえない。

グラツィア・ネーリで仕事するようになった結果、ヨーロッパでの写真の露出が増え、収入も安定してきた。自分のキャリアの土台がここで作られた。

ヨーロッパでの活動は順調にいっていたが、二〇〇九年のブエルタ・ア・エスパーニャ取材中に、グラツィア・ネーリが突然解散した。倒産ではなく廃業だったので、未払いだったギャラはすべてもらえたものの、将来に対してすごく不安になった。それまで太いパイプでつながっていたガゼッタとの関係が絶たれてしまう可能性があったのだ。

ガゼッタの雑誌部門が僕のメインの発表媒体だったけれど、新聞部門でも仕事はしていた。日々の売り上げこそ大したことはなかったが、何度か大きな仕事もしている。

二〇〇四年にダミアーノ・クネゴがジロで優勝した。四区間もとり、しかも二十二歳九ヶ月という若さでの勝利はジロ史上六番目の若さだった。さらにこの年のジロ・ディ・ロンバルディーアでも優勝したが、ジロとこのレースの同年制覇はコッピ、バルタリ、メルクスという歴史上の偉人だけが成し遂げた快挙だ。

そんな彼がジャパンカップで来日し、ガゼッタ紙の自転車部門チーフ、ルーカ・ジャラネッラも同行してきた。僕らは大会前にクネゴを連れ出して秋葉原の電気街、それから汐留の高層ビルにあるイタリアン・レストランに行った。そのお店のマネージャーはイタリア人で、アマ選手としての経験があった。そしてそこで撮った写真がガゼッタの新聞や雑誌で掲載されたのはもちろん、それを見た各国のメディアにも使われた。イギリスの雑誌に至ってはそれでグラビア数ページを組んだ。その結果、たった一日の撮影だけで一〇〇万円以上が入ってきた。後日、クネゴにこのことを言うと、

「オレには一円も入っていないから少しよこせ」と言われたが……

また二〇〇八年、僕がロサンゼルスでトラックの世界選手権を取材しているところに、突

然ジャラネッラがやってきた。僕の腕をひっぱってこう言った。

「引退したチポッリーニなんだけど、明日ロックレーシングと契約するかもしれない。サンタモニカで張り込んでくれ」。そしてタクシー代としてドル札を握らされた。

僕は翌日の朝のトラックレースの撮影をキャンセルし、サンタモニカにタクシーを飛ばした。そして、ロックレーシングのオーナーのオフィスの前に一時間立ち続けた。出てきたチポッリーニはほとんど喋らず、明らかに不機嫌だった。僕はそれまで彼の家に二度行ってい

クネゴといっしょに来日したガゼッタ紙の自転車部門チーフ、ジャラネッラ。(Japan Cup 2004)

るくらい仲が良かったが、立ち止まって写真を撮らせてはくれなかった。赤信号になりかけの横断歩道を走るように渡ったところを何枚か撮り、翌日のガゼッタにそれが「マリオ、アメリカでダッシュ！」という見出しで掲載された。

案の定、選手契約は成立していなかった。後日談だが、チポッリーニが引退した後、アメリカの自転車メーカーとアンバサダーとしての契約がまとまりそうなとき、彼の要求の中で飛行機の移動はすべてファーストクラスという一項があり、それで引いてしまったことを会社側から聞かされた。この要求を見ても、彼がいかに大物かがわかるだろう。

チポッリーニは自他ともに認めるスターであり、再復帰を企てたのは、ガゼッタにとっても大きなニュースだったのだ。

高層ビルから東京を見下ろすクネゴ。22歳でジロを制し、世界の自転車界に新風を吹き込んだ。世間はパンターニの後継者の出現と夢見た。（Japan Cup 2004）

ロックレーシングと契約が成立せず、無言でホテルに向かうチポッリーニ。(2008年、Santa Monica)

グラツィア・ネーリの解散に伴い、ガゼッタとの仕事がなくなってしまう不安は強かった。大きな新聞社では個人フォトグラファーの出入りが認められず、通信社や写真エージェントとしか契約しないのが通例なのだ。しかし幸いにもそれまでの仕事が評価され、僕個人が写真を直接送ることが例外的に認められた。

ガゼッタは今、新聞不況と経済不況のダブルパンチで大変な時期にある。僕の写真の掲載もめっきり減ってしまった。けれど、なにも知らない日本人がミラノに一人でやってきて、ジロやミラノ～サンレモなどでオートバイに乗り、開催先の新聞社に直接写真を送ることができるまでになったことは、ちょっとした誇りである。

仕事を始めた最初の数年、世界選手権やツール・ド・フランスでは、まともにゴールエリアに入ることすらできなかった。日本から来たフォトグラファーなど、数に入っていなかったのだ。イタリアの英雄フェリーチェ・ジモンディからも、

「日本人はコピーばかりするよな」と、からかわれた。冷静に考えると、それは当然のことだった。なにしろ、日本にはまっとうな自転車競技もなければ文化や伝統もないのだ。そんなところからやってきて、いきなり対等に扱ってもらえるわけがない。

こうした厳しい現実を変える機会の一つとなったのは、イタリアの自転車工房の本を出したことだ。取材の労力を考えると、手にした報酬はまったく割に合わないものだった。

しかし、取材先と対等に話をする必要があったので、昔のレースの歴史を猛烈に勉強した。本とビデオを大量に買い込んで何度も見直した。蔵を改装して写真保管庫にしたけれど、あの中には当時イタリアで集めた本もかなりあって、個人の蔵書としては相当なものだと思っている。歴史観が身についたおかげで、自転車界の人たちと対等に話ができるようになったのだ。

インターネットを活用して、今走っている選手の情報を集めることに必死になったとしても、そんなものは薄っぺらな知識にすぎない。本場の人と対等に話をするには、歴史を認識しておかないと始まらないのである。極端な話、現役のニバリのことを知っていても相手にされない。第二次世界大戦前後に活躍したコッピやバルタリから今のニバリまでの自転車の歴史の流れを頭に入れておかなければならないのである。

日本からも毎年少なくない数の取材陣がツール・ド・フランスにやってくる。だけど、長く活躍できる人は大変少ない。その理由は、まずはこの歴史観に乏しいことがいちばんの原因だと思う。

自転車工房の取材

　この本を含めてこれまで一〇冊の本を出したが、レース以外の本が二冊含まれている。ひとつは一九九四年に出版された『イタリアの自転車工房 栄光のストーリー』（アテネ書房）だ。表題の通り、イタリアでフレームを作っているところを取材し、それをまとめたものだ。僕自身がフレーム職人に興味を持っていたのはもちろんだけれど、この頃はレースの撮影を始めたばかりで、それ専業でやっていくという夢を実現するにはほど遠かったのも、これを手がける動機となった。もうひとつの本は二〇〇六年に出版された『イタリアの自転車工房物語』（八重洲出版）だ。これは雑誌での連載を一冊にまとめた本だ。

　これら二冊には、日本に輸入されているメーカーが少なからず入っているけれど、国内の代理店の世話になったことは一度もない。代理店から広告がらみの取材費が出るような位置にはいなかったし、取材の約束を取るだけなら電話で直接するほうが圧倒的に早かった。つまり、代理店に遠慮する必要はまったくなく、取材は自分の好きなようにやった。当時のイタリアには数多くの自転車工房が点在していて、それを一軒一軒自分の足で訪ね回った。取材の予約からフレーム職人へのインタビュー、撮影まですべて一人で行った。

先方にはきちんとネクタイを締めて伺った。なぜかというと、イタリアでは「見た目＝人格」だからだ。ボロは着てても心は錦……はありえないのである。その頃、レース会場のプレスルームでもネクタイを締めているジャーナリストが非常に多かった。それは、社会的にそれなりの立場にある職業として見られていたからだ。世間での待遇も優遇されていて、たとえばイタリアの高速道路では特別年間パスを購入することができ、それがあれば無料だっ

フレームビルダー時代のウーゴ・デローザ。
現在は工房に顔を出すものの、老齢のために製作は息子たちに任せている。

た。銀行の利子の優遇や、クルマ購入時の割引などは、たぶん今もあると思う。ネクタイを締めて工房に伺った理由はまだある。それは、日本がイタリアをはじめとする自転車先進国を真似てきたという先入観を持たれがちだったことだ。当時はすでにミヤタ、シマノやマエダ、スギノなどが世界に出してもまったく恥ずかしくない自転車や部品を造っていた。けれど、戦後の日本が全部独自の発想で経済成長を遂げたとは言えなかったわけで、そうした過去をまだひきずっていた。早い話が、「この日本人、うちの技術を盗みに来たのか」と思われたくなかったのだ。

今、東京で爆買いする中国人のマナーがいろいろと言われているが、イタリアのレストランでスパゲッティをまるで蕎麦のようにズルズルとすすっている日本人は今でもかなり見掛ける。音を立てて食べるというのは、イタリアではもっとも恥ずべき行為なのに……。とにかく、若い人には想像し難いかもしれないが、三〇年前までの日本は、今の中国のような感じだったのだ。だから、外見だけでもしっかりしていると見られたかったのだ。

自転車工房の本だが、仕事の労力を考えると、ギャラはぜんぜん割に合わないものだった。とくに初めて出した本などは、二年間かけて取材したけれど、実入りは三〇万円ほどだったような記憶がある。しかし金銭以外のメリットが少なからずあった。なにより自転車の歴史観が身についたことだ。工房の取材は実際のところ、自転車のハード面よりも、フレーム職人やそのブランドの歴史などにフォーカスしていたし、工房側もそうしたことについて力を入れて話をしてくれることが多かった。くり返しになるが、話をするにあたり、自分自身が自転車レースの歴史を知っていなければならなかった。本を読み、ビデオを見まくって猛烈に勉強した。記憶したレースの歴史を忘れないように、食事時に妻を相手に自転車競技の歴史をひもといた。

こうした努力で、曲がり形《なり》にも自転車作りに生きてきた人たちと対等に話ができるようになった。

デローザのオフィスでウーゴと。
エディ・メルクスが勝ち取った数々のジャージが飾ってある。

ボテッキアの事務所でカルニエッリ社長が壁に飾ってある写真を説明してくれた時に、

「これは何年のあの写真ですね」と相槌を打つと、目を丸くしたものだ。

またある日、デローザに行ったときのことだ。ウーゴ・デローザは、

「パンターニが勝ちを他に譲らないから、血液検査で捕まるんだよ」と言ったとき、僕はすかさず、

「あんたの自転車に乗っていたエディ・メルクスだって勝ちを譲らなかったじゃないか」と反論したら、とたんに顔を赤くして怒った。

その次に僕がデローザに行ったとき、ウーゴは自分の三人の息子の前で、

「おい、その日本人には気をつけろよ」と言ってニヤリとした。

巨匠に認められた瞬間だった。

チネッリから、力道山が工房に自転車の注文に来たときの写真をいただいた。
右はローマ五輪ロードで優勝したヴィクトル・カピトノフ。おそらく1960年に撮影されたものと思われる。

チーノ・チネッリは自ら起こした会社をパイプメーカーのコロンブスに渡していた。一九七七年のことである。

今のチネッリはコロンブスの二代目アントニオ・コロンボが経営するグルッポ社のブランドの一つである。アントニオはミラノの目抜き通りにギャラリーを持つほどアートが好きで、レーシングテイストのないアーティスティックな自転車作りを目指している。しかし、チー

広大な自宅の前で、息子が作った自転車チネティカを持つチーノ・チネッリ。

ノ・チネッリが作っていた時代の自転車は、日本でも憧れのレーシングブランドだった。実際、一九六四年の東京オリンピックの頃に活動していた日本の人たちに聞くと、東京の片倉工業など、当時の日本のトップメーカーが目標にしたのはやはりイタリアのチネッリだったというし、五輪を走る日本選手のために輸入もされたという。

驚くことに、プロレスラーとして日本国民のヒーローだった力道山も自転車をチネッリにオーダーしている。僕は実際に力道山が工房を訪れた時の写真をチネッリ本人からもらった。僕はチネッリのお宅にこれまで二回お邪魔している。最初は一九九二年で、二度目が二〇〇〇年だった。とっくの昔に隠居しており、どうやって連絡をとっていいかわからなかったが、当時、息子のアンドレーアがミラノにいてチネティカという最先端のモノコック自転車を手掛けており、彼から連絡先を聞き出した。

初めての訪問の時はすごく緊張し、世界の巨匠に対して失礼があってはならないと思って早くから自宅前にクルマを停めて待機。約束の時間が来ると同時に呼び鈴を鳴らしたことを今でも覚えている。お宅に入るとすぐに自転車の話題になったが、

「バルタリがアマチュア時代、私に勝ったなんて言っているけどあれはウソだよ。だって確かにゴールスプリントで僕より先にゴールしたけど、彼はゼッケンをつけていなかったんだ。なぜだか分かるかい？　彼はそのレースには出ていなくて、途中から飛び込みで入ってきたのさ」と言った。

トゥッリオ・カンパニョーロ（右）と話をするジーノ・バルタリ。

バルタリというのはイタリアの国民的英雄ジーノ・バルタリのことで、ファウスト・コッピのライバルだった。僕がこの仕事を始めた頃は、フォルクスワーゲン・ゴルフを自分で運転しながらレース会場を回っていた。行くところ、いつも人だかりができ、自転車界の神様といった存在だった。二〇〇〇年五月五日に亡くなった時は国民葬となり、全国のスポーツ施設でいっせいに黙祷が捧げられた。自転車界最高のジャーナリストと言われたフランスのピエール・シャニーは著書の中で、「バルタリはレストランに入ってもお金を払おうとしない」と書いている。神様に金を請求するレストランなど、この世の中に存在しなかったのだと僕は推測する。

チネッリはバルタリと同じトスカーナの出身で歳も二つしか離れておらず、幼い頃からレースで戦った仲だったのだ。チネッリもやがてプロ選手となり、ミラノ～サンレモとジロ・ディ・ロンバルディーアでも勝っている。いわば、当時のスター選手の一人だった。しかし、第二次世界大戦が起きて選手生活を断念した。戦後、コッピもバルタリも再びプロ選手に戻ったが、チネッリはミラノで自転車作りの道に入ったのだ。そして、作り出す自転車の完成度の高さは世界的に評価された。前述の通り東京五輪で日本に輸入され、力道山も工房を訪れたというわけだ。

チネッリは、バルタリと並ぶ自転車界の神様ファウスト・コッピとも実は親交が深かった。コッピがマラリアにかかって亡くなった時、葬儀で数キロの行列が出たとシャニーは本で書いていたが、後年フランスの本で当時の写真を見た時に事実だったことを知って驚愕した。チネッリとコッピは共に名門プロチーム・ビアンキで走っただけではなく、一九五六年にコッピがビアンキからカルパノに移籍したとき、自転車はビアンキからフィオレッリに変わったが、塗装に隠された中身は実はチネッリが手がけたものだったという。

「そのときコッピはずいぶんとホイールベースの長いものに乗っていたんだ。そこで私がもっと短いものを勧めたんだけど彼はこれまで通りでいいと言った。だけどとりあえず一台、僕の考えで作り、そしてそれを試しに乗せたんだ。そうしたら気に入ってくれて、それをクリテリウム用に使い出した。そして直ぐにもう一台、ジロ・ディ・ロンバルディーア用に作ったんだ」と語った。バルタリやコッピのことをまるで近所の将棋仲間みたいに話すチネッリが実にまぶしかった。

パーツ製作でもチネッリは超一流だった。一九五一年からイタリアの名選手アルフレード・ビンダの名をあしらったペダルのストラップ・バンドを作ったほか、一九六二年には世界で初めてプラスチックをベースにしたサドルを完成している。その代表作であるチネッリNo.3はエディ・メルクスにも愛用され、長らくサドルの代名詞的存在となった。

さらに一九六三年にアルミのハンドルとステムを世に送り出している。ステムの名前は1/A。アルミステムの最高傑作の一つだろう。それからおよそ一〇年後には1/Rを出した。これはハンドルをくわえるクランプ部に特徴をもつもので、やはり多くのサイクリストに用いられた。ハンドルではジロ・ディ・イタリア（=No.64）、シャンピオン・デュ・モンド（=No.63, 66）、クリテリウム（=No.65）などは、世界のハンドルの定番となり、やはりメルクスも愛用していた。

また一九七一年には、M-71というビンディング式ペダルの元祖も生み出している。ビンディング式がレース界に登場したのはルック社が製品化した一九八五年前後なので、その先見の明は驚異的である。

二〇〇〇年、キアンチャーノ・テルメの自宅に伺ったときは二度目の訪問ということもあり、例の力道山の写真や自身がプロ選手をやっていた時の写真を気前よくプレゼントしてくれた。そして今でもよく覚えているのは八十歳を超えた同氏が日本のスバル・レオーネを購入して、

「エンジンが水平対向じゃないか！」と感激していたことだ。

一回目の取材の時は妻も同行していたのだが、そのときは帰り際に、「その美しさをいつまでも保ってね」と声をかけてくれた。

二度目の時は僕一人だったのだが、女性に対するイタリア式挨拶がない代わりに、自作のオリーブオイルを持たせてくれた。

「世界一のオリーブオイルだよ」と手渡された時、

「この人はオリーブオイル作りでもきっと天才なんだ」と思った。

僕はこの自転車界のレオナルド・ダビンチの生き方に憧れを抱いた。それは会社をパイプメーカー・コロンブス社に売却したあと（亡くなったジャンニ・カザーティに生前聞いたのだが、当時の天文学的金額だったという）、ひっそりとトスカーナの丘の上で暮らし始めたことだ。

また、一九九〇年にジロを、翌年から世界選で二連勝したジャンニ・ブーニョは、家に自転車のものは何一つ残っていない。マリア・ローザやマイヨ・アルカンシェルすらないのだ。僕ですら彼からもらった一枚を持っているのに、本人が持っていないとは……

僕がこの仕事を辞めたら日本の故郷で農業をしながら暮らすと決心しているのは、多分にブーニョと、このチーノ・チネッリの生き方が影響しているのだと思う。

チネッリは僕の二度目の訪問の一年後に他界した。

自宅でくつろぐサンテ・ポリアーギ。

昔、ミラノにポリアーギという自転車工房があった。オーナーのサンテ・ポリアーギは一九八三年にフレーム製作をやめたけれど、僕が初めてイタリアに行った一九八五年はまだ廃業したばかりとあって、ポリアーギの自転車に乗っている人をけっこう見かけた。特にトラッククレース会場に行くと、シートピラーを六角ボルトで固定するのではなく、無骨なナットで固定するポリアーギがたくさんあった。ミラノには、記録が出やすいので「魔法のトラッ

ク」と呼ばれる競技場ピスタ・ヴィゴレッリがあり、その下でファリエーロとアルベルトのマージ親子が自転車を作って一世を風靡した。ポリアーギもヴィゴレッリの近くに工房を構え、トラック選手から絶大な信頼を得た。とりわけタンデム車の第一人者で、その名は世界に広く知れ渡っていた。

今でこそトラックレースの人気は低迷しているが、以前はもっと人気があり、ミラノでも冬は六日間レースが開催されていた。スプリンターのレベルも高く、中野浩一が出現する前はアントニオ・マスペスが世界王者だった。一九六〇年代から七〇年代のイタリアのトラック国内選手権は、世界選手権よりもレベルが高かったという逸話もある。

トラックレースで躍進していったポリアーギの歴史は古い。叔父のブランビッラが自転車の修理とフレーム制作で、一九一九年からミラノの中心部にほど近いチェザリアーノ通りに店を構えるかたわら、ピスタ・ヴィゴレッリで選手たちの機材の世話を務めていた。自転車が大好きなポリアーギは十三歳のときからここを手伝うことになったが、任された仕事といえば床掃除などの雑用ばかりで、しかもタダ働きだった。なぜならポリアーギはまだ法律で定められた就業可能年齢に達していなかったのである。戦争中はファシズムから逃れるために山中に身を隠して生きのび、戦後に再び仕事を再開している。そして一九六五年、それまでの下請け仕事をやめて、自らのブランド「ポリアーギ」を出している。ラグにはポリアーギ・サンテ・ミラノを意味する PSM という刻印が施された。そしてポリアーギを駆った選手が世界選手権で優勝した回数は、実に三二回にも及んでいる。

　さて、僕が最初の自転車の工房の本を書くにあたり、すでに引退しているポリアーギの自宅を尋ねたのは一九九二年のことだ。高齢にかかわらず非常に元気で饒舌。はるばる東洋から自転車の話を聞きに来た僕を歓迎してくれた。話の中でよく覚えているのは、「私は一日に一四時間も一六時間も働いていた。でも今の人は六時間も働けばもう嫌だと言う」と語ってくれたことだ。


　現在のイタリア人があまり働かないというイメージはたしかにある。労働者の権利意識は非常に強く、ストライキは今でも頻繁に起きる。まして「サービス残業」という言葉自体、まったく理解されない。もっと上を行くのはフランスだ。労働者の権利と規則の遵守がいっそう強く求められる。これはほとんど知られていないが、ツール・ド・フランスのあの膨大な数のスタッフたちも、一週間に一度の休養が義務付けられている。唯一、特別の許可をとって三週間連続で働くことができるのはレースディレクターのプリュドムとグヴヌーのわずか二人のみである。少し以前の話とはいえ、ポリアーギはもとより、他の工房の取材を進めるにつれ、一流どころは例外なく休む暇もなく働いてきたことを身を以て知った。こうした自転車作りの偉人たちの仕事に対する姿勢に僕は強く影響されている。

　僕には妻も子供もいるけれど、仕事を休むことはほとんどない。元旦からパソコンのスイッチを入れるし、前日の大晦日の紅白歌合戦に至ってはもう何年も見たことがない。その時期になると、次のシーズンのホテル予約に追われるのだ。家族とパリや千葉のディスニーランドに行ったときですら、何度もホテルに戻って仕事をした。自転車レースで食う＝プライベートの時間はほとんど持てない、ということだ。だが、それは幸せなことでもあるから、苦にはならない。

自転車工房に足を伸ばして取材を進めるうちに発見したことがある。日本と比べてイタリアは整理整頓ができており、仕事が綺麗なのだ。日本の自転車工房では、たとえば工具を使い終わると作業台に置いていき、その工具をまた使うときは、それを探して使う。たとえ探す時間が一瞬だとしても、そこにはタイムのロスがある。一方、イタリアでは使った工具をあったところに一回一回戻す。だから、いつも工具がきれいに片付いているのだ。もちろん、僕は日本の工房をたくさん見たわけではないからすべてがそうだとは言わないけれど、これまで経験した限りでは、この印象が強い。

大阪に長澤義昭さんがいる。ご存知、日本を代表するフレームビルダーで、単身でイタリアに渡り、まずは前出のポリアーギで修行された。長澤さんに当時のお話を伺った時、たしか奥さんだったと記憶するが、

「ポリアーギといえば、いつも掃除ばかりしていた印象がある」と言われていた。

僕は決して几帳面な性格の人間ではない。けれど、ちゃんと掃除ができない一流職人がい

カザーティのジャンニ・カザーティ（右）と息子たち

ないことを知って以来、まずは整理整頓と掃除をする習慣ができた。部屋が片付いていないと仕事をする気にならなくなってしまった。写真もどこになにがあるか把握していることが重要だ。大量のフィルムが収められている写真保管庫、あるいはデジタルフォトのストレージ内の整理整頓ができて初めて可能になる。銀塩写真もデジタル写真も、探すのに時間がかかるようでは仕事にならない。

イタリアの一流の自転車職人のやり方が、僕の仕事にも大きく影響を及ぼしている。

今の自転車の世界はグローバル化し、古き良き時代のイタリアの自転車で生き残っているところは少なくなってきた。

かつてイタリアの自転車は地域性の強い産物で、その土地の名物みたいなものだった。『イタリアワイン㊙ファイル――日本人が飲むべき100本』（文藝春秋、ファブリツィオ・グラッセッリ著）という本が日本で出されている。僕は日本の自宅で飲むワインの多くをイタリアで買ってきているが、購入の際の参考になるかなあと思って購入した。読んでみると、すごく興味深い内容だった。まるでイタリアの自転車と同じだったのである。ワインは非常に地域性の強いもので、イタリア人は自分が普段飲んでいるもの以外はほとんど知らないというのだ。

最初にイタリアに行った一九八五年、ミラノ近郊に住まいを見つけたのだが、そこで見た自転車は、日本にも輸入されていたジョスやヴィリエールなどを見ることは滅多になく、多くはコルナーゴ、ロッシン、カザーティ、さらにミラノ近辺の小さな工房で作られているハンドメイドのフレームだった。僕の住まいはコルナーゴ、ロッシン、カザーティから近く、ジョスのあるトリノやヴィリエールのあるヴィチェンツァからは数百キロ離れていたのだ。つまり、自転車は、地域性の高い生産物そのものだった。

コルナーゴでこう言われたことがある。

「お前の住んでいるあたりじゃ、カザーティに乗っているのがいっぱいいるだろう」と。僕の家からカザーティまでは約10km、コルナーゴまでは約15km。このわずかな距離の違いが、それぞれの縄張りなのである。

あれから三〇年以上たった今、小さなフレーム工房はあとかたもなく消滅した。残ったのは、当時からの有名ブランドだけである。

世界のレース

この仕事を始めた当初、クライアントも日本だけに限られていたし、仕事も多くはなかったから、三月下旬にイタリアで行われるミラノ～サンレモを最初の取材レースとして渡欧していた。ところが今は仕事先が以前とは比べものにならないくらい増えて何ヶ国にも渡っているのと、レースシーズン自体が早まってしかも各国で開催されるようになったものだから、冬でものんびりしていられなくなってしまった。

シーズン最初のレースは、一月に南オーストラリアのアデレードで行われるツール・ダウンアンダーだ。一九九九年に始まった新しいレースだけれど、今やワールドツールであり、世界で最もよくオーガナイズされたレースだと思う。南オーストラリア州がお金を出し、当初はF1をやっていた。それがなくなり、次のスポーツを探した時に自転車にスポットが当たったというわけだ。僕が最初に行った時は当時の最高カテゴリーであるプロツールではなく、取材陣も比較的少なかった。ただ、どうにかしてプロツールに上がりたいという熱意が伝わってきた。ツール・ド・フランスのレースディレクターであるジャン＝マリー・ルブランをゲストとして呼んだこともあったが、そのとき記者から、

「どうやったらプロツールに上がれるか？」

という質問があった。

これに対し、このカリスマ・レースディレクターは、

「テニスの大会だったら選手はラケットを持ってくるだけでいい。だが、自転車のレースとなると、機材の運搬だけで大変。そんなに簡単ではない」と答えた。それでも彼らの熱意で最高カテゴリーに昇格し、今に至っている。（ちなみに今年のジロ・ディ・イタリアはイスラエルがスタート。タイムトライアルがあるので、各チームが現地に送る自転車は30～40台にも及ぶ）

世界で最もよくオーガナイズされたレースの一つ、ツール・ダウンアンダー。(Tour Down Under 2010)

猛烈な横風で集団が斜めになるツアー・オブ・カタール。
連日高低差のないコースを走るが、世界で指折りの厳しさを持つレースだった。(Tour of Qatar 2009)

目標に向かって進んで行った主催者側の努力の方向が良かったのだ。日本の人たちにもぜひ参考にしてもらいたいと思い、このレースの良さをことあるごとに喧伝していたら、近年は日本からファンはもちろんのこと、視察に来る団体が出てきてうれしく思っている。

このレースは滞在がアデレードのヒルトンホテルだけで毎日の移動がなく、また天候も良い。なにより、オーストラリアの人たちの明るい国民性がすごく良くて、選手たちも口を揃えて世界最高のレースの一つだという。

二月は中東のレースだ。ジロ・ディ・イタリアを運営しているRCSはドバイ・ツールとアブダビ・ツールを、ツール・ド・フランスを運営しているASOがツアー・オブ・カタールとツアー・オブ・オマーンを開催している。ただし、ツアー・オブ・カタールは二〇一六年を最後に中止となった。

　全部に共通しているのは、ゴージャスなホテルがあてがわれることだ。僕もこれまで招待フォトグラファーとしてほぼ毎年これらのレースを取材してきたが、自分のお金ではとても泊まれないようなところに泊まった。カタールのフォーシーズンズでは、朝から各国の料理コーナーが用意されていて驚いた。

　レースがいちばん面白かったのはツアー・オブ・カタールである。砂漠特有の猛烈な風が吹くと集団が見事に斜めになる。集団からちょっとでも離れると復帰することは不可能だ。一度、カヴェンディッシュが僕に手を上げて挨拶してくれた瞬間に前の選手との間に若干のスペースができてしまい、風にあおられて脱落したことがあった。このレースで活躍するのは風に強い

かつては非常にスケールの大きな大会だったマレーシア一周レース、ツール・ド・ランカウイ。
(Tour de Langkawi 2007)

起伏のある砂利道を走るストラーデ・ビアンケ。(Strade Bianche 2017)

ベルギーとオランダ勢で、集団の最前列に位置しながらレースを展開する。横風に対応する身体能力は、ラテンやその他の国の選手とレベルが違っているのだ。さらにハンドル操作と風の読みも必要で、世界で最も厳しいワンデーレースの一つだったと思う。だから、このレースに出てコテンパンにやっつけられた選手やチームは二度と参加しなかった。

マレーシアのツール・ド・ランカウイも毎年二月くらいに行われる。アジアでもっとも規模が大きく、ツール・ド・フランスに次ぐ規模の巨大な広告キャラバンもあった。当初は軍用機による移動などで物議を醸したが、その後はマペイの選手たちが参戦するなど、ゴージャスなものとなった。ちょうどその頃にデジタルカメラが撮影現場で主流になり出し、それを導入してもすぐに元が取れるくらいに写真の需要もあった。だが、レースに熱意を持っているボスが不在というのがこのレースの致命傷で、国からの補助金次第でレースの規模が変わる。近年はいっときの繁栄が夢のようなところにまで落ち込んでいる。レースはボスで決まるという僕の主張を裏付けるレースだ。それでもアジアの中ではいまだかなり大きなレースであることには変わりない。

三月に入ると、ヨーロッパでのレースが本格化する。イタリアのストラーデ・ビアンケは二〇〇七年に始まった新しいレースだ。イタリア語で「白い道」という意味で、実際に大半が砂利道である。アップダウンがある分、パリ～ルーベよりも危険だ。当初はエロイカという、一般参加者がレトロな自転車と服装で未舗装路を走るイベントとして始まり、それは今も大きな

最終ステージ、海岸沿いのプロムナード・デ・ザングレを行くプロトン。(Paris - Nice 2002)

規模で行われているのだが、この成功に目をつけたＲＣＳが同じようなコースを走るプロのロードレースとして始めた。

開始間もない頃、僕は日本のテレビのクルーと一緒にエロイカを取材し、翌日のプロのレースを取材せずに他の場所に移動した。そうしたら、ボスのゾメニャーンに、「なんでプロレースを取材しないんだ！」と怒られたことがあった。

このレースも、今やワールドツールである。

パリ～ニースでキヴィレフが落車死した。写真を掲げるのは総合優勝した同国のヴィノクロフ。この事故でプロ選手のヘルメット装着の義務が決定された。(Paris - Nice 2003)

ストラーデ・ビアンケ終了後、フランスでパリ〜ニースが開幕し、数日遅れてイタリアでティレーノ〜アドリアティコが始まる。どちらも一週間くらいのステージレースだ。

以前、僕はパリ〜ニースを取材していた。パリからフランス本土を南下し、シーサイドリゾートのニースに向かって行くので、「太陽のレース」とも言われる。

一方、ティレーノ〜アドリアティコはイタリア本土西側のティレニア海から、東のアドリア海に向けて横断するコースが設定されることから、「二つの海のレース」と呼ばれる。近年はこのティレーノ〜アドリアティコを取材している。

このレースを主催するRCSのレースディレクターであるマウロ・ヴェーニは、元々このレースを独自に運営していて後にRCSに加入し

毎年、激坂がコースに入れられるのが恒例となっているティレーノ〜アドリアティコ。(Tirreno - Adriatico 2013)

3月に行われるティレーノ〜アドリアティコ。雪に見舞われることも珍しくない。(Tirreno - Adriatico 2015)

たという経緯がある。実際のところパリ〜ニースとティレーノ〜アドリアティコはミラノ〜サンレモの調整レースにもなっているのだが、ヴェーニはプレゼンテーションで、

「このレースがサンレモのための準備だなんて、これまで考えたことがない」と発言したことからもうかがえるが、彼にとっては大事なレースなのだ。

数年前、彼といっしょに事務方のボスとしてやっていたアックアローネ（のちに会社の金の使い込みでRCSから追放される）がツイッターで、

「このままスポンサーがつかないなら、ティレーノ〜アドリアティコの開催は難しい」と書き込み、運営の大変さをぼやいた。今も状況はあまり変わっていないと思う。実際、同じRCS開催のミラノ〜トリノが二〇〇八年から四年間中止になった。そして、ファウスト・コッピ

が地元にもかかわらず唯一勝てなかったレースとして知られているジロ・デル・ピエモンテも時々中止になったりする。

そういった開催状況にもかかわらず、このティレーノ～アドリアティコが一九六六年以降毎年休むことなく開催されているのは、ヴェーニの強い思い入れあってのことと思う。ボス不在、あるいはボスに情熱がないレースというのは、簡単に休止になってしまうものなのだ。それに、どのステージのゴールでも地元の料理が振る舞われる。その内容は僕の知る限り世界でいちばんだ。それも密かな楽しみである。


三月下旬にはミラノ～サンレモが待っている。シーズン最初のビッグイベントで、世界の五大クラシックレース（＝別名モニュメント）の一つに数えられている。距離はほぼ300kmあり、現在の世界のワンデー・ロードレースの中では最長だ。一〇〇年以上の伝統があるため、自転車界の重鎮らが会場に顔を見せ、自ずと気持ちが引きしまる。

イタリアをベースに仕事している僕にとってミラノ～サンレモは、やはり特別の存在である。日本からミラノ郊外の家に着くと、近所の人たちは、

「もうすぐミラノ～サンレモだね」と声をかけてくる。それはもうイタリアの大事な国民的行事で、日本でいえば正月の箱根駅伝と同じなのだ。

近年、優勝者はオーガナイザーの手によってすぐに表彰台近くに隔離されるようになった

ゴールで囲まれるペタッキ。このレースで勝つと、多くの選手が涙を流す。(Milano - Sanremo 2005)

が、かつてはチームのスタッフやら報道やらが取り乱して選手を取り囲み、大混乱が起こるのが常だった。一九九三年には優勝したフォンドリエストを大勢が取り囲んでしまい、その後ろにいたレースディレクターカーがゴールで動けなくなって、大集団のスプリントができないという事件があった。激怒したチポッリーニは自分の自転車を放り投げてこの車のリアガラスを粉々にしている。

そしてなぜかこのミラノ～サンレモは、勝利して涙を流す選手がたくさんいる。他のレースではあまり見られない現象だ。やはり特別の何かがあるのだろう。イタリア以外の国でこのレースのことを「プリマヴェーラ」、イタリア語の「春」という言い方がされるようだが、本家イタリアではそんな言い方はまったくされないし、聞いたこともない。ニックネームは「クラシチッシマ」、つまりクラシック中のクラシックという意味だ。春に行われるとはいえ、天候に恵まれるとは限らない。二〇一三年の大会では途中で降雪が激しくなり、史上初めてレースが中断した。そして雪のないところにスタートが移され、再スタートとなった。僕も寒くて冷たくて辛かった。中断時にレストランに飛び込んで温かいパスタを作ってもらったが、そんなことは後にも先にもあのときだけだ。寒さで体の震えが止まらなかった。ただ、一〇〇年以上の長い伝統を誇るミラノ〜サンレモの中に身を置ける幸せと言ったらこの上なく、寒さよりも満足感の方が大きかった。実はミラノ〜サンレモは長らく土曜日開催だったのが、日曜日にしたのが二〇一三年。それが雨にたたられ、翌年も雨。そして二〇一五年がこの雪だった。これに懲りたのか、オーガナイザーは二〇一六年か

1976年のミラノ〜サンレモ、エディ・メルクスがこの大会7勝目をあげた。
(Milano - Sanremo 1976、Photo : Riva)

雨が雪に変わり、そして史上初めてレースが中断した2013年のミラノ～サンレモ。(Milano - Sanremo 2013)

ら再び元の土曜日に戻して今に至っている。

自転車界の最強選手といえば、六〇年代から七〇年代に活躍したベルギーのエディ・メルクスだが、この大会でなんと七度も優勝している。イタリアでもメルクスは神様のように崇められているが、それはジロに五度、ツールに五度、世界選手権に三度など、不世出の大記録を作ったこともちろんだが、やはりこのミラノ～サンレモの七回勝利が評価にトドメをさしている。一年に一回のレースで七回も勝つというのは、想像を超えた凄さだ。かつてブエルタとジロを同年に制したイタリアのジョヴァンニ・バッタリーンがこう言ったことがある。

「僕の時代にはメルクスがいた。彼がレースでスタートするということは、自分の順序が自動的に一つ下がるということを意味していた」と。

また、カレーラチームでキャプーチャやパンターニを指揮したダヴィデ・ボイファーヴァが選手時代、二人一組のタイムトライアル・トロフェーオ・バラッキにメルクスと組んで出場した時、周囲から、

「前に出るな。メルクスの後輪から離れないように走れ」と言われたそうだ。

メルクスの記録は飛び抜けているが、僕にとって最も劇的だったのは他の選手の勝利で、一九七〇年三月十九日に行われた大会だ。僕がまだ小学生のときでもちろんレースを見てはいないが、ビデオを何度も繰り返して見た。

ミケーレ・ダンチェッツリがアタックに成功し、最終局面で二分の先行を保っていた。後ろからはモルテーニのチームカーが随行。オレンジ色に塗られたそのオープンカーのハンドルは監督のジョルジョ・アルバーニが握り、助手席にはチームオーナーのピエトロ・モルテーニが坐り、後部座席ではエルネスト・コルナーゴが予備の自転車をいつでも出せるように抱えていた。後年、本を読んで知ったのだが、独走するダンチェッツリにモルテーニは、「勝ったら工場をプレゼントしてやる」と檄を飛ばしたそうだ。モルテーニはサラミの会社だった。

サンレモのローマ通りが見え、ダンチェッツリの優勝が確実なものになったとき、ドラマはクライマックスに達した。それまで一六年間外国勢に奪われ続けていたミラノ~サンレモの栄冠を、ダンチェッツリが母国に取り返したのだった。助手席ではモルテーニが仁王立ちで涙を浮かべ、後ろでダンチェッツリのための予備車を肩に担いで立つコルナーゴがいた。ダンチ

1970年にダンチェッリが優勝したミラノ〜サンレモ。テレビオートバイの後ろで仁王立ちになっているのはモルテーニ社長とエルネスト・コルナーゴ。(Milano - Sanremo 1970、写真提供：COLNAGO)

エッリはゴールしたあと、押し寄せる人波の中で感激の涙に暮れた。テレビのインタビューにも涙にむせて答えることができないくらいだった。そんなダンチェッリにコルナーゴは優しく帽子をかぶせた。

現在、僕が住まいを持っているモンツァ郊外の家から、今はなきサラミ会社のモルテーニ跡地までわずか一キロほどだ。そしてダンチェッリが乗っていた自転車フレームのコルナーゴや、コンポーネントであるカンパニョーロは、昔から僕の写真を使ってくれている大事なクライアントだし、数年前に亡くなったアルバーニはモンツァに住んでいて、家に伺ったこともあるくらいだ。そういったこともあって、ビデオ観戦とはいえ、このレースが僕に大きな感動を与えてくれた。

二〇一八年、ヴィンチェンツォ・ニバリが優勝して、一二年ぶりに母国に栄冠を取り戻した。表彰台に向かうニバリを走りながら撮ったが、サングラスの下で涙ぐむのを初めて見た。

ミラノ~サンレモが終わると「北のクラシック」が始まる。ベルギーを中心に行われる一連のワンデーレースだ。その前哨戦として、E3・ハーレルベーケがある。オートバイに乗る僕にとって、怖いレースのNo1である。とにかく道が細い。落車も頻発する。ストラーデ・ビアンケやパリ~ルーベが危険なレースであることは間違いないが、僕にとってE3・ハーレルベーケが世界でいちばん危険なレースだ。このレースは、ツール・デ・フランドルで登場する石畳がいくつもコースに入っていることから、事実上の前哨戦になっている。

北のクラシック前哨戦にあたるE3ハーレルベーケ。僕にとって世界でいちばん危険なレースだ。
(E3 Harelbeke 2012)

横風で集団がいくつにも分裂。(Gent - Wevelgem 2013)

ヘント〜ウェヴェルヘムは北のクラシック第一戦だ。以前はツール・デ・フランドルの数日後に行われていたが、二〇〇七年からは前に行われている。ベルギーのオランダ語圏、いわゆるフランドル地方は世界でもっとも自転車熱が高いところだ。そこで最も重要なレースがツール・デ・フランドルである。これが終わってしまうと熱が一気に冷めてしまうため、あとのレースへの興味が薄らいでしまう。そこでヘント〜ウェヴェルヘムが先に行われるようになったのだ。

コースは石畳の上りであるケンメルを二度通過する。数年前までは下りも石畳だったが、事故が多発した。鎖骨骨折などは可愛いもので、膝の骨を砕く選手も出た。そんなことから今は石畳の下りを避けアスファルトの道に迂回するようになった。ただし、本当に厳しいのは風である。概ねスプリンターの勝利となるが、敵と戦う前に風と戦って初めてゴールスプリントに参加することができる。

四月上旬にはツール・デ・フランドルがある。文字通り、ベルギーのフランドル地方を回るワンデーレースだ。石畳の急な上りがコースの特徴だが、なによりもこの地方の自転車熱に圧倒される。

初めて取材に行ったのは一九九一年だった。僕はクラシックレースのことを何も知らなかったのだけれど、イタリアの家の近くに住む元プロ選手から、「世界でもっともすばらしいレース」と言われて興味を持った。当時、日本からど、ジロやツールの写真を撮りに来る人はいたけれど、クラシックレースに来る人はいなかった。それにもかかわらず専門誌などで有名人扱いさ

猛烈な横風の中を走る選手。(Gent - Wevelgem 2015)

ブルージュをスタートする選手たち。2017年からはアントワープがスタートとなった。(Tour des Flandres 2013)

れていた。そうしたところも、日本は滑稽な状況だった。

ツール・デ・フランドルをクルマで追うのはほぼ不可能だ。というのは、選手といっしょにファンたちもクルマで移動するためにあちこちで渋滞が起きるのだ。僕はそんなことも知らず、イタリアで買った中古のプジョー505で行った。そして石畳の上りに陣取った。その場所は、今から考えると有名なモーレンベルフだったが、当時はそこが一体どこなのかも分からなかった。そして、石畳の脇のコンクリート部分に立った。雨水を流すために、そこは石畳になっていないのだ。ところが選手たちは、石畳を避けるために一列になってそこを進んできた。僕はもう身をかわすのが精一杯で、写真を撮ることはほとんどできなかった。そうした意味でも、衝撃的なレースだった。今ではオートバイでコースを走る許可があるし、取材の要領も分かっているので心配ないが、それでも北のクラシックは正直言って好きではない。とにかく危ないのだ。

イタリアのフォトグラファーのビオンディは、僕と一緒にオートバイに乗ってこのレースを回っていた。当時、僕はまだコース内を走るオートバイの許可が得られず、コース外を走る格下のカテゴリーだったし、彼もそうだった。そして、回り道を繰り返しながら撮影していたのだけれど、ビオンディのオートバイに別のオートバイが猛スピードで追突し、彼は手首を折る大怪我をした。オートバイは僕の横一メートルくらいのところを吹っ飛んでいった。あれに当たっていたら、死んでいたかもしれない。

フランドルの勝利は大変なステータスになる。近年はベルギーのトム・ボーネンが三度優勝している。彼は他に世界選手権やパリ～ルーべな

この大会に3度優勝したボーネン。ベルギーでの人気は芸能人並だ。(Tour des Flandres 2014)

ミュールを行くカンチェッラーラ。残念ながらこの伝統ある場所は現在、勝負どころではなくなってしまった。
（Tour des Flandres 2010）

どでも勝っているが、やはりフランドル三勝の威力は絶大だ。ベルギーに行けば彼は超有名人で、タブロイド誌で私生活が暴露されるほどだ。ちなみに僕は今、ベルギーでの仕事も多いのだけれど、クライアントからの撮影希望リストの中に、某ベルギー選手の新しい愛人というのが入っていたことがあった。ベルギーの自転車選手は芸能人と同じレベルなのだ。

　このレースの主催はヘット・ニューズブラッド紙だったが、フランダース・クラシックというレース運営会社に売却されて今日に至っている。残念なのは、彼らの手によってこのレースのクライマックスとも言えるミュール、別名グラモンの壁がコースから除外されてしまったことだ。二年前に復活されたものの、コースの中盤に組み込まれたために、かつてのように終盤に控える決戦の場ではなくなってしまった。

ツール・デ・フランドルの次はいよいよ「北の地獄」パリ〜ルーベである。世界でもっとも有名なワンデーレースといっても良いだろう。石畳の道を走り続けるこのレースを世界中のサイクリストが知っているし、名を冠した自転車の部品は昔からたくさんある。

スタートはパリ北部の町コンピエーニュだ。僕が最初に行ったのは一九九〇年だ。ミラノからブリュッセルまで夜行列車で行き、そこでレンタカーを借りてコンピエーニュに行った。というところが、ホテルを予約していなかった。というのは、当時はまだインターネットがなく、ツール・ド・フランスですら毎日行き当たりばったり方式で、一軒一軒ホテルに飛び込んで聞いていたのだ。

主催しているASO（当時の会社名はソシエ

ボーネンはパリ〜ルーベで通算4勝し、同国のロジェ・デヴラーミンクと共に最多優勝記録を作った。
(Paris - Roubaix 2012)

落車するヴァンアーヴェルマート。(Paris - Roubaix 2014)

テ・デュ・ツール・ド・フランス）の人に聞いてみたら、すぐに選手が泊まっているホテルに電話してくれて、一部屋押さえてくれた。その人こそ、レースディレクターのアルベール・ブヴェだった。ブヴェは一九五六年のパリ〜トゥールを制した人だが、次のフランス選手の優勝は一九九八年のジャッキー・デュランで、なんと四二年も要している。レースディレクターが部屋を予約してくれるなど、今日では考えられないことで、今思うとやはり古き良き時代だったと思う。

レースのことを何も知らずに石畳に行ってしまったけれど、遅れた選手にドアを蹴飛ばされるわ、チームカーにドアミラーを壊されるわで散々だった。レース終了後再びブリュッセルの駅に行った際、財布を落としてしまった。探している時に、たまたま駅員が僕の名前を連呼していたので名乗り出ると、奇跡的に財布を手渡してくれた。だが、現金はすべてなくなっていた。日本の月刊誌の依頼で初めてこのレースを取材はしたが、手にしたギャラはかかった経費に遠く及ばず、手持ちの現金は紛失してしまい大きな赤字だった。この辺りは今も変わっておらず、複数のクライアントを持たない限り、費用がかかる自転車レースの取材は難しい。しかし、金銭づくでは自転車レースの取材は不可能だ。金はあとから付いて来ることを知るべきだ。そのとき写真が売れなくても、二〇年後に売れることだってある。だいいち、自転車の写真を撮っているのにパリ～ルーベに行かないなんていうのは、あり得ないことだ。

初めて取材したパリ～ルーベは、ベルギーのエディ・プランカールトが勝った。スプリンターである彼が飛び出した時、チームカーを運転

パンク、落車、自転車の破損などのトラブルがコース上で相次ぐ。(Paris - Roubaix 2014)

短いアップダウンが果てしなく続くアムステル・ゴールドレース。(Amstel Gold Race 2018)

する兄は、「まだ早いから、やめておけ」と言ったが、彼はこれを拒否して独走し続けたとあとで知った。そんなストーリーのあるレースを撮ることができて、やっぱり行って良かったと思う。

パリ〜ルーベで北のクラシック前半戦が終了し、そのあとは後半戦、通称アルデンヌ・クラシックが始まる。アルデンヌとはベルギー南東部からオランダやルクセンブルクにかけての丘陵地隊で、ここでアムステル・ゴールドレース、フレーシュ・ワロンヌ、リエージュ〜バストーニュ〜リエージュの三つのレースが行われる。

アムステル・ゴールドレースはオランダで行われる唯一のクラシックレースだ。二〇〇三年まではフレーシュ・ワロンヌとリエージュ〜バストーニュ〜リエージュのあとに行われていたが、二〇〇四年からは二つのレースの前に行われるようになった。というのは、アムステル・ゴールドレースはこの三つのレースの中では比較的アップダウンが少なく、スプリンタータイプの選手にもチャンスがある。そのため、スプリンタータイプの選手が集まる北のクラシック前半戦が終了しても、選手をそのまま滞在させることが可能なのだ。

このレースが始まったのは一九六六年とクラシックの中では比較的に歴史が浅く、そのため若造の僕が早い時期からオートバイに乗ることが認められたレースだ。かたやこの後に紹介するリエージュ〜バストーニュ〜リエージュはクラシックの中でも最古の歴史を誇る人気レースのため、コースを走れるオートバイを出すことがなかなか認められず、二〇年以上は待たされたと思う。

落車した前年の優勝者、アンディ・シュレク。(Amstel Gold Race 2007)

ゴール直前の上りカウベルフで勝負をかけるジルベール。この大会で3勝している。（Amstel Gold Race 2013）

ただ、アムステル・ゴールドレースの道は非常に狭いところが多い。オランダ特有の、車のスピードを落とさせるために意図的に作った障害物も非常に多く、オートバイに乗っていても危険を感じるレースだ。

二〇〇七年の大会で、前年の優勝者であるフランク・シュレクが落車した。僕はたまたまプロトンの後ろにいたので撮ったけれど、彼の監督であるキム・アンダソンが僕を突き飛ばそうとした。現役時代、三回の陽性反応で選手生命剥奪を命じられた世界で最初の選手だった。その後一年に減刑されたものの、このアムステル・ゴールドレースで四回目が発覚している。未だに自転車界に居るけれど、僕がこれまでに口をきいたことがない唯一の監督だ。

後年、フランク・シュレクはチクリッシモ誌のインタビューで、結果は10位に終わったが、このアムステル・ゴールドレースで最高のレースをやったと語った。落車した後に自分で自分を鼓舞し、気迫でゴールを目指したレースだったという。

この落車の写真が載った雑誌をツール・ド・フランス期間中にシュレク兄弟にプレゼントしたら、二人でスタートまで走りながら読み続けていた。アンダソンに突きつけてやりたかった。

フレーシュ・ワロンヌとリエージュ～バストーニュ～リエージュは現在ASOの主催だ。フレーシュ・ワロンヌは五大クラシックのリエージュ～バストーニュ～リエージュから見ると難易度も歴史も人気も劣るが、それでもゴールのあるユイの傾斜と言ったらすさまじいものだ。最大斜度は26％あり、毎年、チームカーやフォトグラファーのオートバイのクラッチが焼ける

最大斜度が26%あるユイの壁。(La Fleche Wallonne 2018)

この大会で5度優勝しているバルベルデ。(La Fleche Wallonne 2015)

匂いが充満する。レースが終わってこの坂をクルマで下る時、2速ではスピードが速すぎ、1速に落とさなければならないほどだ。

僕が初めて取材したのは一九九三年だった。当時はほぼゴールライン上にフォトグラファーが立っており、優勝したフォンドリエストのゴールシーンを僕は50㎜という短いレンズで撮った。今はこのレースに限らず、すべてのレースでフォトグラファーの位置はゴールラインのずっと後ろだ。通常は400㎜の望遠レンズを使う。

フレーシュ・ワロンヌの四日後はいよいよ春のクラシックの締めくくりであるリエージュ〜バストーニュ〜リエージュが開かれる。始まったのが一八九四年と非常に古く、クラシックの女王という異名をとる。

リエージュをスタートして一路南下し、バストーニュからは北に向かう。コース全体は8の字であり、その中に気の遠くなるようなアップダウンが控えている。後半になると、力尽きた選手が次々と脱落していく様子はサバイバルゲームだ。ワンデーレースの難易度としては昔から世界最高峰と言われる所以だ。その上、天気が悪いことが多く、このレースで雪に見舞われたことがこれまで何度もある。僕は取材していないが、一九八〇年のリエージュ〜バストーニュ〜リエージュは、フランスのベルナール・イノーがその力を最大限に発揮した歴史的レースとなった。冷たい雨が降る中、イノ

コースの難度としては世界一と言われるこの大会で4度優勝しているバルベルデ。他の選手が苦しむ中、走行中に笑顔でおどける。(Liege - Bastogne - Liege 2009)

ーは2位の選手になんと九分以上の大差をつけて二度目の優勝を飾った。このとき10位に入った選手は一二分三五秒もの遅れだった。そして一七四人の出走者のうち、完走したのはわずかに二一人と、多くの選手がイノーによってタイムオーバーによる失格に追い込まれた。このときイノーは凍傷のために指の感覚を失ったと多くの本に書かれている。ただ、それがしばらくの間なのか、今もなのか、指は一本なのかそれとも二本なのか……僕はずっと疑問に思っていた。二〇〇九年にジェイ・スポーツのイベントで彼が来日した時に、僕は長年抱

ファンが押しかけるサンロックの上り。シュレク兄弟全盛期のときは、ルクセンブルクの旗で埋め尽くされた。(Liege - Bastogne - Liege 2011)

いていたこの疑問を本人にぶつけてみた。イノーは黙って笑いながら、両手の中指をテーブルに突き立ててトントンと叩きながらこう言った。

「三週間でかなり回復はした。だけど、今でも両方の中指の先端の感覚はないんだよ」

エディ・メルクスはこのレースに五回優勝した。ベルナール・イノーは二回だ。しかし、指の感覚と引き換えに勝利を得るなんて、メルクスだってやっていない。二〇一六年大会で、僕は降雪の中をオートバイから写真を撮った。だけど、もし凍傷になるくらいだったら、まずはカフェにでも入って暖をとったと思う。

北のクラシックが終わると、いくつかのレースがあって、たとえば昔だとイタリアのジロ・デル・トレンティーノやスイスのツール・ド・ロマンディ、近年ではトルコのツアー・オブ・

雪の中を走る選手。(Liege - Bastogne - Liege 2016)

雪の中、熱烈なファンの声援を受けてゴールを目指すヴィスコンティ。(Giro d'Italia 2013)

ターキーなどを取材したが、次の大きなレースはなんといってもジロ・ディ・イタリアである。

ツール・ド・フランスと比較されることも多いジロだが、オーガナイザーのレベルという面から見るとツールが大人なら、ジロは子供だ。ツールの場合一年前に発表されることが、ジロは大会一週間前に発表されるようなこともよくあって面くらう。それでも、僕の第二の祖国であるイタリアを一周するレースだ。ブツブツ言いながらも、やはり心のどこかで強烈に愛している。それがいったいなんなのか、これまで自分でも良く分からなかった。

昨年、ジェイ・スポーツの生番組に出演した時に、いっしょだったオーストラリアのネイサン・ハースが、「ジロは選手が感情で走る」と言ったのを聞いて、「ああ、これが自分が自分に探し求めていた答えなんだ」と膝を打った。

そう、ジロは感情や気持ちで走るレースなのだ。

今の自転車選手で例えるなら、彼らはワットつまり自転車に取り付けたコンピューターが弾き出す出力データで走っている。だが、人間の身体を動かすのは心だ。そうした姿に人々が感動するのが自転車レース。ジロにはそうした熱血漫画みたいな血と汗と涙がたしかにあると思う。選手の走る姿だけではない。街中の飾り付けだとか、テレビのあの戦争でも始まったかのような喋り、お土産を売る宣伝カーの昔から変わらない呼び込み……、そうした泥臭いものに気持ちが高ぶるのが、このイタリア産のジロというレースだ。

一九八九年から欠かさず取材しているジロでもっとも印象に残っているのは一九九四年大会だ。ロシアの新鋭エフゲニー・ベルズインと、スペインの王者で前年まで二連覇しているミゲ

走っている選手への差し入れは、世界のレースでもジロにしか見られない。(Giro d'Italia 2012)

ル・インドゥラインが競り合う中、山岳でマルコ・パンターニが二区間連続で優勝して三つ巴の戦いとなった。あの時の興奮は今も忘れられない。そのときテレビの視聴率はなんと50・9％に達した。「伝説、パンターニ」と大きな見出しをつけたガゼッタ紙は、大会終了後にそれまでやっていなかった写真集を出すことに決め、まだジロが終わらないうちから表紙の写真を集め出した。そしてパンターニが勝った場合には僕が撮ったものになることが決定し、試し刷りも行われた。結局、勝ったのはベルズィンでこの表紙の話はなくなったが、

パンターニの山岳ステージ2連勝で、テレビの視聴率は50%を超えた。
(Giro d'Italia 1994)

それでも写真集の中でたくさんの写真が使われた。

一方、震撼するような事件が起きた一九九九年も忘れられない。レースはマドンナ・ディ・カンピリオに着いた。翌日は土曜日で、レースは残りわずか二ステージ。前年にジロとツールを制したパンターニの力は突出しており、もはや勝利は確実だった。この日、ガゼッタは恒例の付録雑誌がつくことになっていて、数ページにわたるグラビアは僕の写真だけで構成されていた。当時、このパンターニの活躍の影響もあって自転車熱の高まりは凄まじく、僕はガゼッタ紙のこの雑誌部門から多額の前払い金をもらって取材していたのだ。

スタートに行くと様子がおかしい。そしてパンターニが血液検査で基準量を超え、家に帰されることになったというニュースが流れてきた。会場は異常な雰囲気に包まれ、僕の写真が満載の雑誌を読んでいる人は一人もいなかった。後年、この時のレースディレクターであるカルミネ・カステッラーノから聞いたのだが、同じホテルに泊まっていたガゼッタのトップであるカンディード・カンナヴォにパンターニが失格になったことを告げに行くと、髭を剃っていたカンナヴォは顔に石鹸の泡をつけたまま、頭を抱えてベッドに坐り込んでしまったという。

パンターニはこの事件で心に深い傷を負ってしまう。そして麻薬中毒になっていき、やがて過剰な使用で命を落としてしまう。

また二〇〇一年、レースがサンレモに来たとき、選手の宿舎に国家権力の薬物捜査が入った。取り調べが深夜まで行われた結果、選手たちが反発してストライキが起き、ジロ史上初めて選手によるボイコットでレースがキャンセルとなった。僕はこの時、選手が集まったホテルの大広間の外に何時間も立ち続けて、時々開くドアの隙間から中の写真を撮った。

あの時代、多くの禁止薬物が出回っていることは、もう誰もが知っていた。レースのスピードは異常に速く、始まればすぐにアタックに次ぐアタック。フレームを作っていた工房の一人は、

「選手の力が強くなっているので、(角度を)寝かせたフレームを作る」と言っていたほどだ。

またドーピングに絶対反対の立場をとる某チームのスタッフは、後になってチームバスのヘルメット収納場所に秘密の冷蔵庫が隠されていたことをこっそりと教えてくれた。こんな話が、あちこちで囁かれていた。今から何年か前のことだが、ジロで地方のホテルに泊まった時に、そこのオーナーが机の中から一枚の書類を出して見せてくれた。警察が選手の部屋に盗聴器を仕掛け、それを口外してはならないという誓約書だった。ちょうどこのこのサンレモの事件の頃だったという。

しかし今の自転車レースは、もっとも良い方に変化したスポーツだと言われる。

ジロが終わると、次はツール・ド・フランスだ。スポーツイベントとしては五輪、サッカーW杯に次ぐ規模だ。一説によると、世界の自転車レースの放映権の半分はこのツールだと

いうくらいの、もはや巨大な化け物だ。

　プロ選手にとってツールを走るのは憧れだし、ＵＣＩの審判から聞いたのだが、五輪や世界選手権もステータスの高いレースだが、ツールの審判になるのが最大の栄誉だという。自転車レースのトップはやはりツールなのだ。メディアも観客も、もの凄いボリュームの固まりがここに押しかける。一昔前までは、プレスルームの前に移動銀行や移動郵便局もあった。沿道に人が立っていない箇所はなく、尿意を催したときには場所を探すのに苦労する。二〇一七年大会の資料によると、ツールに関わる選手とスタッフ、メディア、広告など四、五〇〇人が一団となって移動し、その車両数は約二、〇〇〇。このうちジャーナリストが一、七〇〇人で、フォトグラファーは三〇〇人の登録があるが、フォトグラファーの所属するエージェントだけで約一〇〇社。昔は一六台、現在は一二台のオートバイ制限数は世界の有名通信社であるＡＦＰやＡＰ、ロイター、さらに大きな新聞社ですぐに埋まってしまう。二〇一八年現在、大手エージェントに所属しない個人フォトグラファーでオートバイに乗っているのは、僕一人だ。

　ツールの写真の需要は極めて高い。だから、どうしてもオートバイから撮る権利を手に入れることにみんな苦心するのだ。今でもそれが最高のステータスというのは昔から変わっていないし、僕もツールでオートバイに乗って撮影するのが夢だった。だが、なかなか道がなかった。というのは、たとえば選手だったらツールに出るための方法はすでに分かっている。

ツールは集まる観客も桁違いだ。(Tour de France 2015)

アマチュア選手であれば、それまでのいくつかの大会で良い成績を出せば良いのだ。そうすればプロチームからスカウトされ、そしてチーム内で選ばれれば出場する機会が与えられる。成績がツールの招待状となるわけだ。

ところがフォトグラファーの場合、良い写真を撮ったからといってそれがどこかに掲載されるわけでもないし、売れるものでもない。プロのフォトグラファーになったとしても、ツールのオートバイに乗るための選考基準があるわけでもない。そして僕の場合、自転車マイナー国である日本の出身。八方ふさがりの絶望的な状況だった。それでも海外での仕事が認められて一六年後にとうとうその夢が達成できた。ちょうどアメリカのランス・アームストロングが連勝中の時だった。

ご存知アームストロングは大会史上最多の七

勝を達成したのだけれど、それがドーピングによるものだったことがアメリカの反ドーピング団体の手によって暴かれ、ツールでの勝利すべてを取り消されるという、自転車史上最大のスキャンダルを起こした。

「せっかく取材したのに、こういうことになって無念さはないか」と、ラジオ番組の中で尋ねられたときに僕は、

「そういう気持ちはまったくないです」ときっぱり言った。それは偽りのない本当の気持ちだ。

ガンを克服して現役に復帰し、さらにガン撲滅の慈善団体を立ち上げたことは非常に立派だ。しかし、彼の行為は自転車ファンや選手の気持ちを裏切るもので、タイトル剥奪は当然のことだ。僕がこれまでに撮ったアームストロングの膨大な写真がメディアに使われることは現在ほとんどなく、彼の偉業はこの世から抹殺された状態にある。これは長い自転車競技の歴史から見ると最大の珍事で、ある意味、貴重な体験だ。そんな時代を経験することができて幸せに感じる部分があるのだ。ツール・ド・フランスが始まった頃、針金の先にコルクをつけ、それを口にくわえてクルマだか汽車に引っ張らせたと言う記録が残っているが、今、それを読んで怒る人がいるだろうか？

しかし、僕がこれだけは絶対に許せないという点がある。それは、彼が本を書いて大儲けしたり、講演で一時間あたり一〇万ドルも得ていたという点だ。ドーピングして勝利を剥奪

された選手はこれまでもたくさんいるが、嘘八百を並べたててレース外で大金を得た選手は彼以外にいない。監督のヨハン・ブルイネールも同じだ。日本でも出版されるくらいの立派なことが書かれた本を出しているが、今となっては大嘘つきのレッテルが貼られて、自転車界への出入りが禁止されている。僕も彼らの本を購入したが、突き返して返金してもらいたいくらいだ。

一方、本当にレースを面白くしてくれたのは、スペインのアルベルト・コンタドールだっ

アームストロングと監督のブルイネールは、世界の自転車ファンを欺いた。
(Tour de France 2010)

た。同じスペインのミゲル・インドゥラインはツールに五勝し、人間的にも立派で、僕のアイドルの一人である。けれど、山岳は守りの走りに徹し、タイムトライアルで差をつけて勝つというスタイルを守った。そうした点で、レース運びに面白みはなかった。その点、コンタドールはインドゥラインと対極にある走りだった。劣勢の時も山岳で勝負に出たり奇襲をかけたりで、常にアグレッシブな走りを見せ、ファンの心を鷲掴みにした。

　そのコンタドールが引退した今、クリス・フルームの時代がやってきた。インドゥラインも温厚な紳士だったが、フルームも同じだ。人間離れした回転走法で山を走るけれど、もともと自転車の基本は昔から回転で、特に一九六〇年代にツールで五勝したフランスのジャック・アンクティルはペダリングの美しさでも人々を魅

攻撃的な走りでファンを沸かせたコンタドール。(Tour de France 2015)

決して美しいフォームではないが、脚の回転走法が魅力のフルーム。(Tour de France 2017)

了した。フルームの姿は重いギアを踏んで走る選手よりはずっと魅力的で、僕は心の中で「ニュー・クラシックスタイル」と呼んでいる。

素晴らしい選手が一堂に集まるこのツール・ド・フランス、オーガナイズもしっかりしていて、毎年どこか必ず改善されて行く。数年前、ASOから委託された日本の調査会社からスペインにいた僕に電話があった。今後レースを良くするために、選び出したジャーナリストを対象に調査しているという。そこまでやっているのかと、改めて感心した。

ツールが終わると次の注目レースはブエルタ・ア・エスパーニャだ。ジロとツールと同じく三週間のレースで、近年は非常に強い選手が集まる。もともとは北のクラシックが終了する頃に行われていたが、一九九五年のレースカレンダー大改革によって、ツール・ド・フランスの後に行われるようになった。良い選手が集まるようになったのは、時期をずらしたことによる部分も大きい。

選手やチームのスタッフに聞くと、僕がこの仕事を始めた三〇年前くらいのブエルタはあてがわれるホテルもひどかったらしいが、それはすっかり過去のことだ。当時のスペイン人のUCI会長が助けたという記事を読んだこともあるし、またASOがブエルタを主催しているウニプブリクの株を買って以来、ツールの血も入ってきている。

選手にとっては走る環境さえ整っていればそれでいいのだが、レースは選手だけで成り立っているわけでは決してない。ツアー・オブ・オマーンでフランスの元選手カザールがオートバイの運転をやってくれたけれど、そのとき、

この大会でグランツール2勝目を挙げたコロンビアのヒルクライマー、キンタナ。(Vuelta a Espana 2016)

昨年ツールで4勝目を挙げ、続いて出場したブエルタで初優勝したフルーム。(Vuelta a Espana 2017)

「引退して初めて分かったことだが、レースでこれほどの人たちが働いていることをまったく知らなかった」と言った。

イタリアの元選手ロンゴボルギーニはRCSでオートバイに乗るレギュレーター(フォトグラファーの動きをコントロールする仕事)をやっているが、

「選手時代にはまったく知らなかったいろんなことが、今の仕事で初めて分かった」と教えてくれた。

僕の報道の仕事は外から見えない部分が直面してくるわけで、そうした観点から三大グランツールであるツール、ジロ、ブエルタを点数づければ、ツールを10点満点とすれば、ジロ5点、ブエルタ1点となる。そもそもブエルタは運営側の人員が少なすぎる。ツールでは約一〇〇人の正職員スタッフに加え、三〇〇人のアルバイトがいるが、ブエルタのスタッフは指で数えられるくらいな感じだ。しかもほとんどが元プロ選手。走ってきた実績はあるのだろうが、運営となると素人である。プレスルームは体育館や町の公民館が多いけれど、たとえばトイレの場所を示す張り紙があるところがほとんどなく、毎日人に聞くことから始まる。一刻を争って写真を送る僕の仕事では、こんな些細なことでも大きなストレスになる。

さらに、スタートに行くとプレスの車を停める場所が確保されていないことがしょっちゅうで、その辺の一般の車輌の中で空いているスペース探すことから始める日も珍しくない。プレス担当者は英語すらできないし、駐車場を管理する連中の多くも同じ。僕は一度、レースから一日除外されたことがあるが、駐車場の管理担当が英語ができず、こっちの言っていることをまったく理解できないことから始まった。しかし、このレースのもっとも悪いところは、警察官がものすごく権力を振り回すことだ。

昔、ジロで僕が写真を撮るのに、その場所を仕切っていた係員のパニッツァに聞くとOKだった。そこに若い警察官がやってきてダメだと言った。それを聞いていたパニッツァ、もともと七〇年代に活躍した選手だったのだが、当時から血の気が多く、その若い警察官に対して、

「おい若造、レース会場を仕切るのはオレたちで、貴様らにはなんの権限もないのを知らないのか！」と一喝。警察官はバツが悪そうに去っていった。レース会場とは本来そういう

走行を妨害していないにもかかわらず、スペイン警察からマークされる観客。(Vuelta a Espana 2008)

ものなのだ。

ところがスペインはとにかく警察官の意味のない圧力がすごい。多くの場合、とにかくノーだの、ダメだのと言われる。以前、町全体が文化遺産になっているトレドでタイムトライアルがあった。何人ものフォトグラファーがまったく邪魔にならないところで風景入れ込みの写真を撮っていたのだが、一人の警察官に退去するように言われた。まさに意味のない権力の振り回しだった。観光案内は自転車レースの大事な部分だが、町の魅力の発信は、少なくとも写真ではできなくなったわけだ。そんなことは警察官にとっては関係のないことだが、観光で食べている人たちにとっては大事なことだ。僕も我慢できずに強く言ったことがあるが、その時はカッとなった警察官が手錠をチラつかせた。

スペインでは昔からテロが多発した。サンセバスティアンで世界選があったとき、コース近くで車が爆破されたこともあったし、僕の知り合いのオートバイの運転手は、バスクでオートバイの部品を持っていたら警察に連れて行かれて裸にされて写真を撮られたという。昔からそういう国なのだ。だから、警察が権力を見せつけるのだと思う。最近のカタルーニャの独立紛争でも、警察官の暴力的な押さえつけがニュースで流され、世界中で顰蹙を買ったのは記憶に新しい。

レースディレクターはジロやツールも毎年見に来るし、僕も昔から知っているので、駐車場の問題を直訴したことがある。「君は本当にいいことを言う」と握手してくれたが、事態は何も変わらなかった。僕の知る限り四半世紀何も変わっておらず、将来もこのままであろうことは容易に想像がつく。

こんなオーガナイズにもかかわらず、一流の選手が集まってハイレベルの戦いが繰り広げられる。今や物価の安さを実感できる希少な国スペインでのこのレースは、ジロやツールと違って緊張感がないので、そこだけはとても好感が持てる。

ブエルタ・ア・エスパーニャが終了すると、世界選手権が始まる。ワンデーレースだが、ジュニアやU23、それから女子のカテゴリーでそれぞれタイムトライアルとロードが行われるので、大会はほぼ一週間に渡る。

イタリアの場合は特に選手層が厚いので、メンバーに選ばれること自体が名誉となる。そ

世界選手権で3勝目を挙げたスペインのフレイレ。(Road World Championships 2004)

の分、いつも論争が起きる。世界選手権はメンバー発表の時からすでにレースが始まっているということだ。九〇年代のイタリアはスター選手揃いで、多い時には五、六名の誰が優勝してもおかしくない力を持っていた。そうなるとアシスト選手が不足して来る。「歩のない将棋は負け将棋」と言われるが、イタリアはまさにそれだった。これをまとめ上げたのは、監督に就任したフランコ・バッレリーニだ。マリオ・チポッリーニとパオロ・ベッティーニをそれぞれ優勝させたが、それまでの慣例を破って、エースを一人決め、残り全員はアシストに回した。そんなバッレーリニだが二〇一〇年に趣味のラリーに出場中、壁に激突して他界してしまった……

世界選で忘れられないのは二〇〇一年のリスボン大会だ。イタリアのエースはミケーレ・バルトリで、普段も同じチームだったベッティーニに対し、ゴールスプリントで先行することを命じたが、ベッティーニはこれを拒否して自分のためにスプリントして2位に入った。僕はバルトリがチームバスに帰るところまでついて行ったが、自転車を壁に思いっきり叩きつけた。そこには他に誰もおらず、見てはいけないものを見てしまった気がした。普段は仲のいい二人でプライベートな旅行もお互いの夫婦で行くほどだったが、これで決別が決定的となった。

その点、チーム力がないにもかかわらず、昨年まで三連勝したスロヴァキアのペテル・サガンはまさに怪物である。また、二〇一〇年の大会で新城幸也が9位に入ったときには心が躍った。それまでは、レースで完走することが日本選手たちの目標だったし、体制がまったくできていない日本の自転車連盟のことを考えれば、

昨年、世界選で史上最多タイの3勝目を挙げたスロヴァキアのサガン。(Road World Championships 2017)

天気が良いと沿道にハンターの姿も見られる。(Paris - Tours 2005)

最良の成績だったと思う。

パリ〜トゥールは秋のクラシックだが、エディ・メルクスがチューリヒ選手権と共に生涯勝てなかったクラシックレースとしても知られている。毎回、ライフル銃を担ぎ、猟犬を連れたハンターたちが道路脇に立つ姿がこのレースの風物詩だ。コースは基本的に平坦路だが、横風があるときには集団が斜めになり、緊張感が一気に高まる。

トゥールの町に入る前に起伏があり、毎回ここで激しいバトルが展開される。アタックがかかることは最初から分かっているのだけれど、コーナがあるためにオートバイでもスピードが出せず、選手の進路を塞いでしまうのではないかという心配が先立つ。つまり、このレースをオートバイから撮るのはとても怖い。

ただし、近年はワールドツールではなくなっているのと、公共交通機関でアクセスできないところがスタートになることもあって、なかなか足を運ぶ機会がなくなってきた。それでも僕の好きなレースの一つである。

シーズン最後のビッグイベントはイタリアの五大クラシックの一つ、ジロ・ディ・ロンバルディーアだ。クラシックの中ではもっともヒルクライマーにチャンスがあるレースだが、シーズン終わりということですでにバカンスに入っている選手もいて、ミラノ～サンレモからすればやはり見劣りするのが実情だ。秋に行われることから「落ち葉のレース」と呼ばれるが、実際に落ち葉でスリップして落車する選手もいる。

コースはちょくちょく変更になるが、必ず通過するのはサイクリストの女神が祀られている

ゴール直前にある短い上りが勝負どころになることが多いパリ～トゥール。攻撃を仕掛けるのはジルベール。
(Paris - Tours 2007)

毎年、ミラノの北部にあるコモ湖周辺もコースに取り入れられる。(Giro di Lombardia 2009)

マドンナ・デル・ギザッロ教会だ。ギザッロ峠の頂にあり、普段でもサイクリストで賑わっているが、大会当日はそこにできる人垣の中を走る。ゴールから遠いことが多いので、決して勝負どころにはならないものの、教会の鐘が連打されて選手を迎える。そんなシーンに、一九〇五年に始まって今年で一一二回目を数えるというイタリアの自転車の伝統を感じ、ものすごく感動する。選手が通り過ぎた教会を背中にオートバイに飛び乗ると、時速100km近く出るダウンヒルが待っている。

このレースは僕の自宅から近いところで行われることもあり、思い入れの強いレースの一つだ。忘れられないのは二〇〇六年大会。パオロ・ベッティーニが世界選で初優勝し、その八日後に兄が交通事故で他界するという不幸があった。さらに四日後、このロンバルディーアをアルカンシェルジャージを着て制した。天国にいる兄を指差し、泣きながらゴールに独走で入ってきた。

交通事故死した兄に勝利を捧げるベッティーニ。(Giro di Lombardia 2006)

プロチーム

　プロチームは選手の他に監督、それにマッサージ師、メカニック、広報担当などがレースに随行するが、他にも様々な人が働いていて、一つの会社となっている。トップに立っているのがチームマネージャー、つまりチームの社長だ。

　プロツール、あるいは今のワールドツールができてから随分と変わったが、それでも選手への支払いやボーナス制度、労働日数など、各チームにはいろいろな違いがある。伝統的にフランスは選手やスタッフへの給料が良いし、昔のベルギーはエース以外の選手はほぼ最低限の賃金。イタリアとスペインは昔からレースに随行するスタッフに女性は皆無。数年前にイタリアのリクイガスがスイス人の女性マッサージ師を雇ったのが僕の知る限り最初で最後だ。今、アスタナで監督をやっているイタリア人監督のマルティネッリは息子がプロ選手、娘が審判をやっている自転車一家だが、それでもチームに女性スタッフを入れたいとは思わないという。

　話は飛躍するが、そもそも八〇年代までのジロのカリスマ・レースディレクターだったトッリアーニは、スタートからゴールに直行する場合を除けば、女性のレースへの随行を禁止していた。メカニックも今の立場とはまるで違っていて、長年プロチームのメカニックをやっていたエルネスト・コルナーゴに聞いたら、泊まるところも選手のホテルではなく、もっと安いところがあてがわれたそうで、身分は低かったという。

さて、こんなプロチームの活動資金は、スポンサー頼みだ。お水のおねえさんが「スポンサー」という言葉を発すると生唾を飲まずにいられないが、自転車界ではあっちでもこっちでも「スポンサー」という声が飛び交っている。お水のおねえさんも自転車チームも本質はいっしょ。だれかが金を出してくれないと、なにもできないのである。トップクラスのワールドツールのチームともなると、運営費は非常に大きくなる。選手とスタッフへの給料、宿泊費や移動費、倉庫の維持費など、年間一〇億円から二〇億円くらいが相場で、さらに規模が大きくなると三〇億円以上になる。それらのほぼすべてが、スポンサーから集められた金で賄われる。ワールドツールの一つ下にあるカテゴリーのプロ・コンチネンタル（通称プロフェッショナル）では、相場の最低は三億円だ。

プロスポーツでは賞金が出されるのが当たり前だから、ロードレースの賞金もここに入るのではないかと思われるかもしれない。しかし、自転車レースの賞金は大きくないし、一人の選手の勝利もチームメートに支えられての結果だから、慣例として出場した選手とチームスタッフで山分けされる。イタリアでは伝統的に勝った選手が受け取らず、それどころかクラシックやグランツールの場合には、アシストに高級腕時計を送る風習だってある。賞金はプロ選手たちにとってあくまでも臨時ボーナスであって、生活の糧はチームからの月給、すなわちスポンサーからの金なのだ。ちなみに、一部のトップライダーには個別にスポンサーがつく。シューズだったり、サングラスだったりする。そうしたものは当然個人の懐に入る。

メカニック時代のエルネスト・コルナーゴ。
当時のメカニックはホテルも選手とは別で、身分の低い立場だったという。
(写真提供：COLNAGO)

ベルギーの新聞社からの依頼を受け、クイックステップのチームマネージャー、パトリック・ルフェヴェルの撮影をしたとき、彼はたまたま私服だった。

「うちの選手がメディアに出るときには、必ずスポンサーのロゴが入ったものを着るようにと口を酸っぱくして言っているのに、今日は自分が叱られる番だ」と頭をかいた。

僕は基本的にブランド名やロゴが入った服や製品は身につけない。金も品物ももらっていないのに、なんでコマーシャルをする必要があるのかと思う。ロゴ＝金であるプロレースの世界に身を置いていると、自分で言うのも変だが、こんなふうになってしまう。選手の自宅で撮影したことも数え切れないが、必ずと言っていいほど打ち合わせが必要になる。何を着るかが問題になる。チームスポンサーのロゴが入ったものにするか、それとも完全な私服にするか、けっこう頭の痛い問題である。

日本の学生スポーツは、学校の部活動が基本になっていることが多い。一方、自転車の本場ヨーロッパでは、町中にあるクラブが母体となる。いずれにしても運営には少なからず金がかかるが、日本の部活動の運営費は、学校からの補助金や父兄からの寄付などが多いと思う。これに対し、ヨーロッパの自転車クラブはスポンサーからの金によって成り立っている。企業や地方自治体が出資し、その見返りとしてユニホームやチームカーにロゴを入れる。だから、ヨーロッパの自転車チームは、たとえそれが子供のものだとしても、プロチーム同様にスポンサーのロゴが入るのが普通だ。

ヨーロッパではプロチームはもちろんのこと、子供のチームのウエアにもスポンサーのロゴが入る。スポンサーなくして自転車チームもレースも成り立たないのだ。(Giro d'Italia 2013)

ロードレースのプロチームは、長い間にわたって自転車メーカーしか持つことができなかった。メーカーが直接チームを編成しており、ちょうど日本のブリヂストンやシマノが国内でチームを持っているのと同じだ(シマノは部品メーカーであって、自転車メーカーではないが)。

ジロを例にとろう。最初の大会は一九〇九年だったが、そのときから一九五〇年代まで実に四〇年以上に渡って自転車メーカーがプロチームを持っていた。規則があって、自転車メーカーにしか許されていなかったのだ。これを変えたのは当時のスター選手、フィオレンツォ・マーニである。ファウスト・コッピ、ジーノ・バルタリに次ぐ選手だったために「第三の男」と言われていたが、ツール・デ・フランドル三連勝、ジロ優勝三回という大選手だ。

一九五三年、当時所属していたのはガンナ（ジロの第一回大会優勝者ルイージ・ガンナが手がける自転車メーカー）だったが、チーム側から経済状態が思わしくないことを告げられる。このとき、マーニはチームメイトを失業させてはならないという思いから、自転車メーカー以外の企業にスポンサーを募ることを考えた。コッピが駆るビアンキ、バルタリが乗るレニャーノはイタリアの二大ブランドで名門チームを保有していたが、それぞれの社長は業界保護の観点からマーニの発案に冷たい態度をとった。しかし、イタリア車連の会長がマーニのアイデアに同意した。その結果、ハンドクリームのニベアをメインスポンサーとするチームが誕生したのだった。それは自転車界の長い慣習を変える画期的なことだった。イタリアと肩を並べる自転車大国フランスにもまだ存在していなかった。

六〇年代に入ると、チームスポンサーは自転車メーカーよりも一般企業の方が多くなった。家電のイニス（冷蔵庫、洗濯機）、ファエーマ（コーヒー機械）、フィルコ（テレビ、ラジオ）。食品ではカルパノ（酒）、ギージ（パスタ）、モルテーニ（サラミ）、サンペッレグリーノ（水）、チナール（酒）、サンソン（アイスクリーム）。住宅関連のサルヴァラーニ（システムキッチン）、繊維のフィロテックス（絨毯）など、生活に密着したものが多かった。

七〇年代に入ると、人々の生活が豊かになり出したことを反映してか、マーニフレックス（マットレス）、ゾンカ（照明）、ブルックリン（チューインガム）などが参入している。八〇年代は従来のサンソンに加え、ジスとサモンターナというアイスクリームメーカーが加わった。

フランスのミコも入れると世界で少なくとも四つのアイスクリームメーカーがスポンサーだったことになる。日本でもおなじみの7・イレブンもアメリカでチームのスポンサーとなった。深夜営業の店はヨーロッパにほとんどない時代で、驚きの業種だった。金属製食器のイノクスプラン、システムキッチンのデルトンゴや家具のシャトーダックス、タイルのアリオステーアやジョッリ、化粧品のマルヴォル、衣類ではカレーラ、MG、ナヴィガーレ。百花繚乱の時代だった。

チームに初めて自転車メーカー以外のスポンサーをつけたフィオレンツォ・マーニ。1956年のジロでは鎖骨を折った。痛みがあるために上半身が起きないよう、ゴムのチューブを銜えて山岳タイムトライアルを走った。イタリアの自転車の歴史で必ず出てくる逸話だ。マージとコルナーゴはニベアのメカニックだった。
(写真提供：COLNAGO)

九〇年代になると、チームの規模が大きくなり、それまでの予算では結成できなくなってきた。そこに登場するのはロットやオンセ、FDJなどの宝くじである。またバネストやラボバンク、クレディ・アグリコル、ガン、アマヤ、ビタリシオなどといった銀行・保険関係も進出してきた。二一世紀に入ると、ドイチェテレコムやモビスター、スカイといった情報・通信の巨大産業が参入し、チーム規模はさらに拡大していく。

このように、チームのスポンサーは歴史的に見ると傾向があり、それは世の中の鏡になっている。

そして近年は各選手にエージェント、つまり代理人がついてチームとの契約をまとめることが普通になった。これが選手の給料の高騰化の一因となっている。かつて、強豪アマチームをイタリアで持っていた人が怒りながらこう言った。

「代理人たちがいなければ、一億円でジロの優勝者を出すチームを作れる」

現在はどうか。ジロ初優勝した選手の次の年の契約金が二億円くらいの時代である。この金額でジロ優勝チームの結成は、まず不可能だろう。極端な話、昔は情熱さえあればプロチームを作ることができた。一九九三年にイタリアでナショナル・チャンピオンのマルコ・ジョヴァネッティをエースとするエルドールというチームが結成された。僕の同業者が写真を撮りに会社に行ったら、従業員が数十人しかおらず、これは絶対に無理だと思ったという。案の定、金が続かずに半年も経たずに空中分解。ここに限らず、シーズン半ばで金がなくなってチームが崩壊した例は枚挙にいとまがない。

エルドールに所属していた選手を救うために立ち上がったのは現イタリア経団連会長のジョルジョ・スクインツィで、自ら社長を務めるマペイの莫大な資金を用いてスーパーチームが結成された。当時、スクインツィといっしょにクルマに乗ってレースを回った人から聞いたのだが、このリッチマンは、

「あの選手は誰だ？　気に入った。買え。それからあいつも」などと監督に指示したとい

パンツの尻から腰にかけてスポンサーのロゴを入れたのはイタリアのスクリーニョ（現バルディアーニ・CSF）が最初で、90年代後半のことだった。テレビ映りを意識してのことだったが、今や胸の次に値段が高い部位となっている。リーダージャージを着て走っているのはペタッキ。

（Tour de Langkawi 1999）

う。

今はどうかというと、より大きな資本がチーム運営で必要とされている。八百屋がなくなってスーパーマーケットに変わっていったように、近年はチームも巨大化している。今の一流チームの多くは年間一〇億円から三〇億円という経費で運営されており、今から二〇年前のチーム予算の五〜一〇倍にもふくれ上がっている。

大きな転換期となったのは二〇〇五年、プロツールをはじめとするチームカテゴリーがUCIによって導入されたことである。チームの資本、そして銀行への預託金もUCI側で精査されるので、金を持っていないとそもそも結成が認められなくなった。そうなると、小さなスポンサーが出資しあってでは無理であり、大手企業がドーンと金を出す必要がある。億万長者が大金を投じる例もある。スイスの大富豪アンディ・リースはフォナック、そしてBMCという一流チームを保持してきたが、立ち上げ当初は会社の金ではなく、すべて個人資産を投じたと言われている。またロシアのオレグ・ティンコフも同じようなものだ。これまでティンコフという金融機関の名前をジャージに入れてきたが、そもそも会社になんのメリットもないのだという。にもかかわらず、コンタドールやサガンの走るレースを見るために、プライベートジェットで会場に駆け付けた。結局は自転車が好きだからスポンサーをやっているのであり、仕事にメリットがあるからというのではなさそうだ。

自転車チームのスポンサーになる会社の必要条件はなにか？ 各プロチームのマネージャーは口を揃えてこう言う。「ワンマン経営の会社」である。これは自転車界で昔から言われていることだ。大きな会社が費用対効果を見ながらチームをサポートするようなところはまず無理。自転車に愛情を持つ社長が「好きだから」という一個人の一存で決めなくてはダメなのだ。それは、かかる費用を上回るだけの効果が期待できないというところにある。サッカーのように、スタジアムの入場料が取れるとか、放映権料が分配されるとか、そうしたことが自転車界にはまったくないのだ。

僕の知り合いで、イタリア人の弁護士がいる。これまで事件や契約に数多く関わってきており、自転車界では有名だ。僕がレースで交通事故にあったときも弁護士として動いてくれた。彼はもともとサッカーの世界から入ってきたのだが、プロチームが収入を確保するシステムを持たないという構造的な欠陥に驚き、嘆いていた。自ら一日100km、200kmと自転車に乗るサイクリストでもあるが、前出のティンコフに、

「これじゃ、あんたはやっていけない。早いところ、チームを売る方がいい」と言っていたら、ティンコフは本当にプロレースの世界から身を引くことになってしまった。

僕のイタリアの自宅近くにも、かつてプロチームを持っていた人がいた。もともとは強豪アマチームを持っていて、そこでジュゼッペ・サロンニ、クラウディオ・コルティ、シルヴ

ァーノ・コンティーニといった、のちにスターとなっていく選手を走らせていた。そして数年間だけプロチームを結成し、イタリアチャンピオンのアルジェーリやツールの山岳王ヴァンインプを走らせた。本業は家具関係だ。サロンニやコルティはプロを辞めた後にやはりチームマネージャーとなったが、毎日のようにスポンサーになってくれと電話をかけてきたという。

彼は残念ながら数年前に死去したが、僕にポツリとこう言ったのが忘れられない。

「プロチームのスポンサーになっても、売上げが伸びることはないんだ。それだったら、業界誌に数千円の広告を出した方が、まだ仕事の話が来るんだ。そんなもんだよ」と。

興ざめな話だが、これがプロレースの実態である。けれど、こんな状況を覚悟でスポンサーになる会社や人も多数存在しているわけで、それは自転車の世界がとても魅力的だからとも言える。夢を買っているということだろう。

オートバイからの撮影

最初にこの仕事をしたとき、僕は大多数のフォトグラファーと同じくクルマで取材していた。この場合の効率は悪く、オートバイから撮影できる人がうらやましくてたまらなかった。そんな自分の背中を押したのは、当時のガゼッタの記者で、今は同社の理事クラスにまでなったピエール・ベルゴンズィの言葉だった。

「オートバイを使わなければ、レースの大事な瞬間は撮れないよ」と。言われるまでもないことだったけれど、僕には夢の世界で、縁のないものだと思っていた。だが、現実にガゼッタの記者からそう言われてみれば、そこに進むしかなかった。

一九九八年、ジロのプレス担当だったフルヴィオ・アストーリにオートバイを出したいと言ったら、「ジロはオレたちイタリア人のレース。そんな簡単には……」と言われた。当時の日本のプロ選手が市川雅敏だけで、日本のフォトグラファーなんか数に入っていなかった。それでも、オートバイを出してもいいという許可はもらった。運転手も確保したが、荷物を運んでくれる人を探さなければならなかった。僕にとってそれは金銭的にも限界を超えており、解決策がなかった。結局、最初の運転手はさほど自転車レースが好きでなかったのと、うまくオーガナイズされていない僕の仕事ぶりに腹を立てて去っていった。

オートバイに乗って取材するのは大変なことだ。運転手に日当を払うのはもちろん、食事や宿泊費もこちらが負担しなくてはならない。身の回りの荷物を運ぶ人も必要だ。今の僕がジロやツールで使うお金は、それぞれ国産の新車が一台買えるくらいにのぼる。新車というのはブリヂストンやミヤタではなく、トヨタやニッサンである。だから、それなりの売り上げがないと、オートバイからの撮影は不可能である。

一方、オートバイでの取材がレース好きにとって最高の場所であることは疑念の余地がない。選手の走りを間近で見られるのはもちろんだし、自ずと選手との親交も深まる。レース内では嫌

仕事を始めて間もない頃。当時の日本人プロは市川雅敏しかいなかった。(Giro del Trentino 1993)

オートバイから撮影すると、自ずと選手との親交も深まる。(Giro d'Italia 2015)

でも顔を合わせることになるわけで、今では僕の名前を知らなくても、顔を知らない選手はほとんどいないと思う。引退した選手とどこかでバッタリ出会ったりすると、それまで一度も話をしたことがなかったのに、まるで旧知の仲のように会話が弾むこともぜんぜん珍しくないのだ。

アブドジャパロフという、チポッリーニのライバルとして一斉を風靡したウズベキスタンのスプリンターがいた。数年前にばったり出会った時に、お互いの仕事や住まいなどを尋ね合った。あとから考えると、それまでほとんど話をしたことがなかったことに気づいた。またオーストラリアの街中を歩いていたら、フランスの選手が僕の前で立ち止まって、

「えーと、僕たちはどこかで出会っていなかった?」と言い、僕が笑いながらも黙っていた

ら、

「あっ、オートバイに乗っているフォトグラファーだよね」と言って、頭を掻きながら去っていった。

レースのあの興奮もダイレクトに味わえる。何しろ、プロトンと一緒にコースを走るのだ。とりわけ山岳ステージでオートバイの位置や動きを管理するオーガナイザーのレギュレーターや、各チームの監督が運転するクルマとの凌ぎ合いの中で良い写真を撮ろうとすると、外からは見えないけれど、怒鳴り声やクラクション、ラジオツール（レース無線放送）からの厳しい指示などが飛び交い、ある種の戦いとなる。そうしたときの興奮は例えようがない。

僕は食い扶持を手に入れるために自転車レースを撮っているけれど、一方で、そうした現場に身を置きたいからというのも長年この仕事を続けるモチベーションになっている。この地球上で、百万円、いや一千万円を出しても味わえないスリリングな場所にいると思う。だからはっきりいって僕は「競走最前線中毒」になっているのだ。


オートバイの運転手選びもとても大事だ。

「運転手は大会側からあてがわれるのか？」とよく聞かれるが、招待レース以外は自分で雇う。どんなオートバイを持っているのか、経験はあるか、性格は？　など、考慮するところはたくさんある。それから選手同様、二人一部屋で寝るので、イビキのことも気にかかる。

実際、イタリア人の運転手二人はすさまじいいびきで、僕は耳栓をして寝ていた。

しかしいちばん大事なのは、「レースが本当に好きか？」である。大変な仕事だし、オートバイ自体の消耗も激しい。はっきり言って、金にはならない。だから、レースが間近で見られて幸せという人間でないと務まらないのだ。


数年前のツールで、レースが終わったあと、ちょっと見たことがないほどの猛烈な雨が降りだした。そこで僕はクルマに乗せてもらってホテルに向かい、イタリア人のオートバイドライバー、アントニオはクルマの後ろを追う形で走り出した。

ところが途中でいなくなり、そして連絡が取れなくなった。夜になってもホテルに現れず、もう心配になって主催者側に連絡を取って、警察で事故等を調べてもらったりしたが、行方はつかめなかった。僕は夕食を食べる元気すらなくなって、布団に入って朝を待った。

早朝、エンジン音が聞こえたので外を見たら彼がいた。お互いに感極まって抱擁しあった。彼は大雨で僕らのクルマを見失い、カーナビでホテルを探したが見つけられず、さらに携帯電話は雨で壊れた。そこで、飛び込みで泊まれるところを見つけ、そして朝になって人に聞きながらこのホテルを探し当てたという。ちょっとした冒険物語だった。

だが彼とは後年、喧嘩別れとなった。原因は些細なことだった。彼のシチリア訛りの言葉がよくわからないことも災いした。性格が非常に良く、若い頃には選手として走っていたからそれなりの知識もある。けれど、些細なことでも感情が抑えきれず、瞬間湯沸かし器になってしまうのだ。翌日ていねいに謝ってくれたし、今でも僕らは仲が良いのだが、やはりレース中に喧嘩が起きると仕事に大きな影響が出るので、もういっしょにはやらないことにした。ツール・ド・フランスが近づくと、オートバイの運転手からの売り込みが増える。彼は今でもその中の一人なのだが……

招待されるレースでは、主催者側から運転手とオートバイをあてがわれる。良い人が来るかどうかは運次第だし、まずはどういう運転をしなくてはいけないか、教えることから始まる。

マレーシアのツール・ド・ランカウイの運転手は、上からの指示で、ゴール10km手前まで来たら撮影をやめてゴールに向かへという。だがそれは平坦路の話であって、山頂にゴールがあったらスピードが遅いからゴール2km手前くらいまでは問題ない。けれど運転手は自転車レースそのものを知らないので、上から言われるまま動こうとする。僕が一所懸命に説明したところで、どうなるものでもなかった。だからバカバカしくなってオートバイから降り、ヒッチハイクでゴールに向かったことがこれまで二度ある。

忘れられないのが、二〇〇八年に招待されたメキシコのブエルタ・チワワ。スペインの連中がオーガナイザーに加わり、規模の大きい立派なレースだった。しかし、運転手は現地の警察官。顔合わせとなった第1ステージでの挨拶は今でも忘れられない。

「もしレース中に何かが起きた時は後ろに逃げろ。敵はオレが撃つ」

実際、運転中も自動小銃をたすき掛けにして身から離さなかった。あるステージでは、村人がギャングに殺されたことに抗議する黒い棺桶がゴールライン横に並べられていた。その数13！　そして区間優勝者の記者会見はそっちのけで、殺された家族が壇上に立って怒りを訴え、号泣がプレスルームに響き渡った。重い空気がプレスルームに充満し、口を開く者はいなかった。

オートバイのトラブル

レースといっしょに移動できるオートバイだが、金がかかる上にいろいろなトラブルも抱えることになるので、まさに諸刃の剣。撮影で大きなメリットが生まれるが、同時に苦労も増えるというわけだ。ただですらいろいろなことが起きる長旅に、さらなる災難が降りかかると、その被害は1＋1＝2ではなく、1＋1＝5くらいになる。

オートバイの機械的故障は本当に数え切れないほどある。バッテリー上がりやパンクなどは可愛いもので、車軸のベアリングの消耗による故障や、クラッチの破損はジロだけで三回経験した。町中で修理屋が見つかれば幸運だが、そんなことは滅多になく、レッカー車を呼んだことも数回ある。

第一回目のドバイ・ツールでは、主催者の用意したオートバイがほとんど整備不良で、一日あたり四台ずつ壊れていった。僕の乗ったオートバイはゴールの二、三キロ手前で動かなくなってしまい、交通規制係をヒッチハイクしてゴールに向かった。

ツール・ド・フランスの名所モン・ヴァントゥではオーバーヒートで止まったこともあっ

たし、フレーシュ・ワロンヌでは、観客と接触してミラーを落としたが、プロトンが迫ってきたのでそれを捨てて走り出した。

二〇一四年のティレーノ～アドリアティコでは、レースが終わってホテルに向かっている途中でガソリンがなくなって途方にくれた。運転手がホテルが近くにあると勘違いして、燃料補給を怠ったのだ。

不思議なもので、機械的トラブルの多くは週末に起きる。そう、修理屋が閉まっている時だ……

もう二〇年ほど前だろうか、ジロのステージが終わり、ホテルに向かっている時にタイヤがパンクした。当時はすでに携帯電話が出始めており、僕はたしか七、八万円出して買ったノキアを持っていた。それを使ってレッカー車を呼ぶと、いちばん近いタイヤ屋まで運んでくれた。しかし、土曜日でシャッターは閉まっていた。入り口に緊急時の連絡先が書いてあったので、店主のところに電話をすると、休日ということで、にべもなく断られた。僕らは肩を落とした。そこでレッカー業者がもう一回電話を掛けてくれ、本当に心からお願いするような声を出したら、「仕方ない今、若いのをそっちに送る」と約束してくれた。地獄に仏を見た思いだった。

まもなく、まじめそうな若者がやってきて、シャッターを開けてくれ、パンクを修理してくれた。支払いの段になって、彼の言葉が本当に信じられなかった。代金がわずか一〇〇〇円台なのだ。休日に出てきてくれて、しかもこの値段は間違っているのではないかと思ったほどだ。まだ物価が安かった古き良き時代のイタリアならではである。

二〇〇五年のツールではピレネーの山中で後輪がパンクし、農家に飛び込んでトラクターに使うコンプレッサーを借りて空気を補充して走り続けた。しかし、だんだん空気が抜けてきてしまい、もうレースどころではなくなってしまった。しかもその日は日曜日。ほとんどの店が閉まっている。だが、本当にラッキーなことに、偶然空いているガソリンスタンド兼タイヤ屋を見つけて直してもらった。平坦路の選手であるアメリカのヒンカピーがピレネーの山岳ステージで勝つという快挙は撮り損ねたけれど、走り続けることができる喜びの方が一〇〇倍大きかった。ヨーロッパの険しい山中でオートバイが止まってしまうと、最悪の場合、生命の危険だって考えられる。それにレッカーを呼ぼうにも、ツールのとてつもない観客とクルマの中で、まともに来てくれるとは思えない。

二〇一一年のツールではル・マンをスタートするステージがあって、後輪に針金が突き刺さってパンク。しかし、そこはご存知レースの本場。スタートとなったサーキットの周りには修理屋が当たり前のようにあって、手際よく交換してくれた。同じパンクでも、ル・マンはパンクするには理想的な場所だった。

とにかく、レースを撮ったあとに夕方遅くまでプレスルームで写真を送り、ホテルに行ってさらに仕事をこなして寝るというサイクルで手一杯の上に、オートバイの故障が起きると、もう大変なことになるのだ。

これまでの運転手でいちばん恩義を感じているのは、僕の最初の運転手セルジョである。イタリア人でトラックの運転手をやっていたこともあり、道をよく知っていた。トレント地方の出身で、同じ地方のフランチェスコ・モゼールやジルベルト・シモーニ、マウリツィオ・フォンドリエストらといったチャンピオンたちとも親交が深かった。

彼がオートバイの運転手を始めたのは一九七〇年代だった。その頃のイタリアにはモゼール、サロンニ、バッタリーン、バロンケッリなどといったスターが揃っていたことや、レジャーが多様化していなかったこともあり、今とは比較にならないほど自転車レースの人気が高かった。そうした時代だから、彼にはカワサキから新車が二台も無料で支給されたというから驚きだ。恩返しの一環として、逃げている選手の横につけてわざとテレビに映りこむように走った時には、カワサキの社長が大喜びしてくれたそうだ。さらに新車のテストで田んぼにつっこんでオートバイをおしゃかにしたとき、カワサキはさっと代わりの新車を用意したという。信じられないような話である。

セルジョは自転車レースが大好きだった。そしてどんなに雨や雪が降ろうと、劣悪なホテルに泊まることになろうとも、不平・不満はいっさいなかった。ただ、ジロで二度、僕を乗せて派手な転倒をやっている。機械的な故障も大変なトラブルだが、転倒事故となると被害も大きい。

最初は一九九六年のドロミテのステージだった。激しい雨で、僕はずっと集団の後ろについていた。マリア・ローザはロシアのトンコフが着ていたのだが、チームカーの隊列のいちばん前にいた監督のピエトロ・アルジェーリが、僕に対し、

「お前、いつまでこの位置にいるんだ!」と怒鳴った。

いつも温厚な人間なのだが、この日はすごく神経質になっていた。しかたなく僕は集団を追い越すことにした。集団が下りに差し掛かったとき、イタリアのマリオ・マンゾーニ（現ニッポ監督）が落車して、僕のオートバイの真ん前に滑り込んできた。セルジョは急ブレーキをかけたために転倒し、僕も吹っ飛ばされた。幸いカメラにも身体にも支障はなかったが、ショックは大きく、ゴールに直行した。ちなみに、マンゾーニもゴールまで走りきったが、手首の骨が折れていて翌日出走しなかった。

もう一回は二〇〇五年だった。雪のために山岳ステージが短縮され、スタート地点が変更になった。選手を含め、大会関係者は一団となってコンボイを形成して移動を始めたのだが、たまたま道路を路面電車の線路が横切っており、そこでスリップして転倒した。僕は救急車で新たなスタートまで運ばれた。一台のカメラは全損だったが、もう一台でなんとか仕事をこなした。セルジョはこれがショックだったのか、この年を最後に引退した。彼にとってちょうどそれが三〇回目のジロだった。

フランスの元選手、サンディ・カザールが運転手。この1週間後のオマーンのレースで転倒。（Tour of Qatar 2014）

二〇一四年のツアー・オブ・オマーンでも転倒している。運転手はフランスのサンディ・カザール。現役の時はツールで区間優勝をしているし、二〇〇六年のジロでは6位に入った優秀な選手で、このレースではオートバイの運転手として、オーガナイザーのASOに雇われていた。さすが元プロの一流選手、いろいろなことを僕に教えてくれ、すごく楽しかった。ところが住宅地によくあるスピードを落とさせるための人工的な段差のところになにも印がされておらず、気づかなかった彼はスピードを落とさずに突っ込んだ。僕は半袖だったこともあり、転んで腕に擦過傷を負ってしまった。彼は何度も謝ってくれたけど、彼に落ち度はまったくなく、不可避の事故だった。実際、そこで何台もの車がスピードを落とさずにそのまま突っ込んでガ

ツンというショックを受けている。

ちなみに、この事故の前に集団を追い越す時、コロンビアのリゴベルト・ウランが食べなかった補給食を僕に手渡してきた。それをポケットにしまったのだけど、転倒時にそこだけ擦過傷ができなかった。補給食が僕を守ってくれたのだ。後日、この幸運を本人に報告したことは言うまでもない。

日本に帰ってからカメラをキヤノンで検査してもらって分かったのだが、内部が壊れていて、涙を飲んで処分した。もちろん、このことはカザール本人に言わなかった。そして彼もこの大会でオートバイ運転手を辞めた。

最悪の転倒は、二〇一五年のジロだった。自転車レースを走るオートバイは下りでブレーキが過熱する。僕が乗っていたBMWもランプが点灯し、ABSが作動しない状況だった。それは別に珍しいことではなく、同じオートバイに乗っている白バイ隊員たちもしょっちゅう起きると言う。ところがこの運転手、腕はいいのだがやんちゃなところがあり、走りながらエンジンを切って警告を初期化しようとしたのだ。そしてギアダウンしてエンジンをかけようとしたものの、たまたまこのときはいつものようには始動しなかった。エンジンが切れた状態では当然電気がストップしており、ブレーキもかからないから、オートバイもろともガードレールに突っ込んでしまった。その衝撃は凄まじく、オートバイは廃車となり、僕の持っていた機材のほぼ全てが壊れたけれど、いちばん壊れたのは僕の右膝だった。ガードレ

僕が経験した中で最悪の事故。オートバイの運転手が走行中にエンジンを切ったためにガードレールに突っ込んだ。
(Giro d'Italia 2015)

ールにぶつかる前に、右足で衝突の衝撃を和らげるようにガードレールを蹴ったからだ。そのダメージは強烈で、僕がちゃんと正座できるようになったのは事故から半年以上経ってからだ。

歩くこともままならないが、仕事を放り投げることはできない。僕の写真を待っているところがいくつもの国で何社もあるのだ。だから、翌日も足を引きずりながら現場に行った。

事故のことはテレビでご丁寧にも僕の名前と住んでいるところまで報道され、さらに翌日のガゼッタ紙にも載ったし、イタリア国営通信ANSAの配信記事にもなったために、もう事故のことを知らない人はいなかった。オーストラリアやアメリカのクライアントからもすぐに連絡が来たことからも分かる通り、世界中に知れ渡ってしまったのだ。観客でさえ、僕がどこの誰かを知っていた。

僕はそのジロをなんとか完遂し、最後の方は再び別のオートバイに乗って撮影したが、事故の顚末は最悪だった。壊れた機材の修理はイタリアでやったのだが、数十万円かかった。「イタリアは後部座席に乗る人も保険が適用されるから、失ったものは弁護士を立てて請求しろ」と、運転手や周囲から言われた。

さっそく僕は弁護士を立てた。彼とは旧知の仲で弁護を無償で引き受けてくれたものの、運転手の保険会社との裁判には負けた。そのときの書類を見てみると、路上にオイルが落ちていて避けられない状況だったと、相手側の嘘八百の主張が並べられていた。これを覆すことができなかったのだ。控訴することを勧められたが、そんなことで時間を取られたくはないし、もし再び敗訴すれば、大きな損失ともなる。僕は金を払って忘れることにした。

これまで僕はいつも法律を守り、正直に生きてきたつもりだ。親からは「盗まれても、人のものは盗むな」としつけられてきた。だから、この裁判のように正直者が馬鹿を見るというイタリアのこんなところが嫌でたまらない。もちろん、自分に自転車を教えてくれた国だ。友人もたくさんいれば、親同然の人だっている。食べ物だって美味しいし、老若男女、世界で最もファッショナブルな人たちだと思う。だが、こんなウソがまかり通っている社会には我慢できない。よく、イタリアにいることを羨ましく言われるけど、あくまでも仕事のためと割り切っており、生きて行くには我慢を重ねなくてはならない国だと思っている。

一方、運転手のやったことはあっという間に知れ渡り、この世界から干されてしまった。

この事故で命に別状がなかったのは本当に運が良かった。ガードレールの向こうは崖だった。フォトグラファーを乗せるオートバイの事故はこれまで何度も起きている。レース内でもあるが、多くはレース外だ。スタートに向かっている時、あるいはレースが終わってホテルに向かっている時が多い。

二、三年前にレキップ紙のオートバイがレース終了後、曲がろうとしていたクルマに突っ込んだ。元プロ選手だったドライバーは今も松葉杖の生活だ。

リエージュ〜バストーニュ〜リエージュではチームが用意した招待客用のワンボックスカーにオートバイが突っ込み、ガゼッタのフォトグラファーは無事だったが、ドライバーは長い間、植物人間状態となった。

二〇〇九年のジロではやはりガゼッタのフォトグラファーのオートバイがレース会場に向かうときに、曲がろうとしていたトラックに突っ込んでベテラン運転手が死んだ。

ホテルでのトラブル

自転車レースの仕事をするには、ヨーロッパを拠点にするしかない。僕は一九九二年に結婚し、子供も二人いるが、日本にいる妻は好きなようにさせてくれる。これには本当に感謝している。これまでジロやツールに妻を何度も連れていったから、僕の仕事のことは理解してくれている。これが良かったのだと思う。

年間二〇〇日を越えて外泊しなくてはならない仕事がまっとうとは、そもそも僕自身が思わない。普通の家庭だったら、離婚話の一つくらい出ると思う。実際、イタリアの家の隣に住む奥さんが、レースから帰ってきてすぐに次のレースの準備をしている僕を見て、

「私だったらあんたみたいな仕事をしている人とは絶対に結婚しない」と言った。

離婚した選手やチームスタッフ、報道関係者を僕は数え切れないほど知っている。元選手で、今は某チームの監督をやっている男がいる。ある日、彼が家に戻ったら、鍵が全部付け替えられていて、中に入ることができなかった。どういう顚末か、聡明な読者なら想像がつくだろう。

現実として、レースの最前線にいる者は家庭を持っていないことが多いし、所帯持ちであれば、相当理解のある家族に間違いない。もし家庭がなかったら、僕は今よりもさらにレースに行き、もっと仕事をこなしているかもしれないが、家庭と自転車を両立できる幸せを超えるものはない。これまで三〇年間プロレースの世界に身を置いてきた自分がこのことをいちばんよく知っている。

年間二〇〇日から二五〇日ホテルで宿泊していれば、いろいろなことを経験する。二〇〇七年九月、ドイツのシュツットガルトで世界選手権が行われた。一九九〇年に宇都宮で世界選手権が行われたが、その翌年はこのシュツットガルトで開催されており、僕自身二度目の訪問だった。

この頃、自転車界はドーピング・スキャンダルが多発していたが、ドイツにおける反ドーピング運動は過剰だった。なにしろ、一度でもドーピング事件を起こした者は現地に入れないと決められたのだ。これにより、自転車界の神様エディ・メルクスや、一九九一年シュツットガルト大会の覇者ジャンニ・ブーニョですら足を踏み入れることができなかった。いったい、何十年前のことまで掘り返すのだろうか？　さらに、地元の女性議員がプレスルームに入り込み、

「ドーピング漬けの自転車を糾弾する」と、声明文を読み上げる始末。政治的なパフォー

マンスもここまでやると演出過剰で、みんなシラケきっていた。

シュツットガルト郊外のホテルにチェックインしたときのこと、僕の身にもトラブルが起きた。鍵を受け取り荷物を持って階段を上った僕は、部屋番号をよく確かめず、どういうわけか階段の突き当りの部屋に入った。もらった鍵でドアを開け、荷物を広げた。そしてレース受付会場に行ってパスをもらい、夕食を食べてホテルに帰って部屋で寝た。翌朝、フロントの女性がカンカンに怒っている。僕が寝た部屋は、すでに客がチェックインした部屋だったというのだ。客の女性はシュツットガルト中のホテルで空いている部屋を深夜に探さなければならなかったと言うのである。そういえば、僕が寝ている間にだれかが鍵をあけて入ってきたような記憶があったが、なにぶん深夜のことなので、よく覚えていなかった。フロントの女性は二部屋分の料金を払えとまくしたてる。プレスルームにやってきた女性議員と同様、ヒステリーは度を越していた。部屋番号をよく確かめずに入ってしまったという落度はあるが、いちばんの原因は、二つの部屋の鍵が同じという信じられないようなホテルの杜撰《ずさん》さだ。ついに僕も堪忍袋の尾が切れて、テーブルを拳で強く叩いた。

「じゃあ、この鍵で開いたあのドアは？　このホテルのセキュリティはいったいどうなっているんだ！」

フロントの女性は黙った。そしてその部屋と、本来の僕の部屋の鍵だけが共通していることを認め、ボスに相談すると行って出て行った。もちろん、僕の支払いは一部屋分だけで済んだ。

カーレーサーで自転車好きでも知られる佐藤琢磨をモンテカルロに訪ねた時は、ニースのホテルに泊まった。そのとき猛烈な痒みに襲われ、ところどころ虫に食われた跡があった。帰国して成田空港に着くと、僕は真っ先に診療所に駆け込んだ。周りの乗客は怪訝そうな表情で僕を見ていた。医師はその箇所を見るなり、「これはダニですね」と言った。初めての経験だった。痒みはなかなか治らず、薬をつければすぐに治る蚊とは大違いだった。

二〇一四年のブエルタ・ア・エスパーニャでもダニにやられた。そこは常宿で、料金はわずか二五ユーロ。部屋は広くて清潔だし、夕食ではビールを何本飲んでも料金が一緒という信じられない太っ腹。主人は親切だし、数年前からよく利用しているのだが、今度行くのが怖い。

チェックインしてからあまりのボロさに泣きたくなったのが、ツール・ド・フランスで行ったヴィッテルのホテルだ。水の産地として有名なところだが、当時はインターネットもなくホテルの事前予約は不可能だった。つまり、その日のステージが終わったらホテルに飛び込んで空き部屋の有無を訊くという、行き当たりばったり方式だ。運よく部屋はとれたのだが、まず部屋に鍵がかからなかった。そしてお湯が出ない。従業員に言ってもフランス人らしく、「私は知らない」という返事。結局、蛇口から出る冷たい水で頭を洗ったのだった。部屋に鍵がかからない……食事はどうしたのだろう？　もう記憶に残っていない。

そんなホテルなら、さっさと出ればいいのにと思うかもしれないが、今でこそインターネットで予約できるが、ツール・ド・フランスでホテルを探すのは想像以上の大変さだったのだ。最悪記録は一九九三年、マディーヌ湖でのタイムトライアルだった。ホテルが少ないところで、何軒も当たった結果やっと見つかったが、深夜零時を過ぎていた。見つけるのに六時間以上費やしたことになる。

本当に逃げ出したホテルがこれまで一回だけあった。フロントに誰もいなかったのでベルを鳴らしたら、出て来たのが布切れを腰に巻いた上半身裸の男。パスポートを出すと、「おお、日本からやってきたんですか！」と大歓迎の言葉が。そして信じられない言葉が彼の口から発せられた。

「このゲイのホテルに来た初めての日本人ですよ」

たしかにそのホテルはちょっと異様だった。静寂な森の中にあり、壁は真っ赤で、駐車場に高級車のジャガーが一台停まっていた。森の中にあるために幹線道路からはカーナビでも場所が分からず、道を歩いている人に聞いたら、僕のことをジロジロと見ていた理由が分かった。

僕は本当に逃げ出した。クルマに飛び込んで、「太陽にほえろ」みたいに急発進した。このまま拉致されるのではないかという恐怖心に怯えた。バックミラーを見ると、幸い誰も追いかけてはこなかったので、胸をなでおろした。

そのあと、この一件をあるフォトグラファーに話したところ、翌日、スタートに行くと、知らないメカニックから、「昨日はいいホテルに泊まったそうだね」と言われた。プロレースの世界、こういう話は一気に広まるのだ。

後日、僕はそのホテルが載っていた大手のウェブサイト業者にメールを送って抗議した。そうしたら、すぐにお詫びが返ってきて、今後はちゃんとそのことを明記すると約束してくれた。しかしそのホテルは二度と掲載されなくなった。

もっとも、今は同性愛者の権利が世界で認められつつあるし、僕もその人たちを傷つけるつもりはまったくない。でも、正直なところ、このホテルにはちょっと泊まれなかった。

本当に手を引っ張られて家に連れ込まれそうになったこともある。二〇一二年のツール・ド・フランスでの話だ。

最終日前日のタイムトライアルを前に、長距離の移動があった。イタリア人のオートバイ運転手は帰宅し、パリから別の運転手が来ることになっていた。僕は同業の和田君のクルマに乗せてもらって移動した。彼は写真が上手いうえに気配りの利く男で、僕のホテルに着くと、夜遅くでレストランは閉まっているかもしれないと食料を手渡してくれた。彼はそのまま自分のホテルに行ったのだが、僕はチェックイン後に探したレストランはどこも閉まっていて、路上をうろうろしていた。すると妙な男がやってきて、僕の手を掴んでどこかに引っ張っていこうとするのだ。この時も命からがら全力で逃げた。そしてホテルに戻り、和田君に渡されたコカコーラと食料を一人わびしく食べた。

僕の仕事は写真を撮るのはもちろんだけれど、荷物の移動やホテルの予約、夕食場所の確保なども大事になってくる。

もう他界されたが、イタリアのレッジョ・エミリアにジャンネット・チムッリというマッサージ師がいた。その道の御大で、一九〇五年生まれ。経験した大きな大会はオリンピック八回、世界選手権九回、ツール一一回、ジロ四〇回だった。実はジロは四六回経験しているが、当時認められていた個人参加の選手についているときに、泊まるホテルを見つけられず、選手共々そこでリタイアしたということを、本当に残念そうな表情で語ってくれたことがある。

今では信じられないような苦労話だが、やはり宿泊先の確保はロードレースにおいて永久につきまとう問題なのだ。今もチームによっては監督がフライトと宿泊の予約を任されることが多く、これが大きな負担になっているという。ちなみに現在大きなチームの一つになっ

アパートを借り、同業のワトソンとシェアして使う。五輪期間は通常3週間単位の貸し出しで、料金は数十万円にもなる。（Rio Olympic 2016）

ているＵＡＥがホテルの予約を監督ではなくて、専門スタッフがやるようになったのは、つい一、二年前からだ。フライト予約は今も監督の仕事だが……

機材のトラブル

撮影機材が海外で壊れると大変なことになる。ましてレース会場で壊れると、撮影が続けられなくなることもある。

僕が今メインで使っているのはキヤノンのイオスシリーズで、マニュアルからオートフォーカスに移行したときにまとめて購入したのが最初だ。その前にミノルタのα7000シリーズでオートフォーカスが出ていたものの、イオスの動体予測機能は革命的だった。それでも当時のボディの各ボタンにはシーリングがされておらず、水が入るとよくダメージを受けた。今は防水性能が格段に上がり、レンズも含めて多少の水ではビクともしなくなってきた。

しかし、水以外にもいろいろな要因で壊れる。自転車レースをオートバイから撮るとなると、雨にも当たれば埃もかぶる。ぶつけたり、あるいは落とすことだってある。趣味で撮る人やスタジオで撮る人とは機材の消耗度がまったく違うのだ。落としたりオートバイで転んだ時などは、一見大丈夫のように見えても専門家に診てもらうと、ほとんどの場合ダメージを受けている。僕が修理に出すのは銀座にあるキヤノンのプロサービスだけど、あまりに頻繁なので呆れられたことさえあった。

ツールのゴールでカメラを落として、ボディが修理不能となったことがある。保険に入っていたけれど、加入したばかりで不審がられ、その後の契約は断わられてしまった。

ブエルタでは300mmF2.8の望遠レンズが二度壊れている。一度はイタリアから遠路はるばる行き、このレンズを取り出してゴール写真を撮ろうとしたら、まったく動かなくなっていた。もう一度は撮影中に煙が上がって異臭がした。レンズの匂いを嗅いでいたら周りから爆笑されてしまったが、基盤が焦げてしまい、これも修理不能だった。

パソコンも大事な機材だ。カメラがデジタルになってからはもちろんのこと、普段の生活でももはやなくてはならないものになっている。

マレーシアのツール・ド・ランカウイでバッテリーの充電アダプターがダメになった。このときは、知人のものを借りて帰国までなんとかしのいだが、大変な苦労だった。

またジロでは使用中に一気にハードディスクがクラッシュした。幸い、数時間後に修復できたが、以降、スペアーのパソコンを持ち歩く習慣ができた。

レース会場でときどきパソコンが壊れた人を見かけるが、多くの場合、スペアーを持ち歩いていない。一度、全く知らないフォトグラファーが作業中の僕のところに「貸して欲しい」と来たが、こちらが一分一秒を争って写真を送っているのに貸せるわけがない。そもそも他人のパソコンなんて使えるものではない。

二〇一六年のツールのプレスルームで、フランスのフォトグラファーが買って来たばかりの新品のマックを箱から出していた。何が起きたのか、一目瞭然だった。

しかし、故障よりもひどい場合がある。盗難だ。二〇一四年のブエルタだが、新品の300mmF2.8をアメリカから個人輸入した保護ケースに入れ、これをさらにスーツケースに入れた。近年は機内持ち込みの荷物も頻繁にチェックされ、重さを量られることが多いからだ。東京→パリ→ミラノ→マドリード→と経由し、ブエルタ・ア・エスパーニャのスタート地へレス・デラフロンテラに向かった。

ところが、パリに着いた時点でロストバゲージとなり、ヘレス・デラフロンテラのホテルにこの荷物が届いたのは数日後だった。スーツケースを開けると、驚いたことに、レンズやパソコンなどが抜かれていた。時間をかけて中の荷物を丁寧に調べたような形跡があり、空港の職員の仕業に違いなかった。しかし、いくつもの空港を経由しているだけに、どこでやられたのかはわからなかった。

ちなみに、ミラノのリナーテ空港についたときにロストバゲージの部屋に入って自分のスーツケースがないか調べたが、そこにある数に驚いた。行方不明になるスーツケースがこんなに多いにもかかわらず、ハエが止まるようなスピードで処理しているのは戦慄のシーンだった。

機材あっての仕事のため、故障や盗難は仕事に大きなダメージを与える。
(Rio Olympic 2016)

意気消沈しながらスペインの警察に行くと、やる気のない書類作りだけで、捜査する気配は微塵もなかった。僕はこれまで数え切れないほど盗難にあっているが、ヨーロッパで盗難というのは「運が悪い」「盗まれる方が馬鹿」くらいなもので、大した犯罪とは思われていないのだと思う。話はちょっとずれるが、僕の長女はミラノのデザイン学校に通っていた。駅で自転車を盗まれるのは日常茶飯事で、これまで二台盗まれた。そこで僕はアメリカ製の頑丈な鍵を日本のアマゾンで買って持ってきた。これだったら大丈夫と思っていたら、なん

と、その鍵だけが盗まれた。そして泥棒は気を利かせて前輪を外し、ナットも盗んでいってくれた。次の泥棒がその自転車を盗まないようにとの心遣いだろう。

ブエルタでのレンズとパソコンの盗難だが、スペインの国営通信のフォトグラファーがキヤノンに電話してくれ、すぐに代替の300mmがホテルに届けられた。本当に彼の親切がありがたかった。トラブルになった時に力を貸してもらうためにも、普段からみんなに親切に対応していなければならないのは言うまでもない。

二〇〇一年には撮影機材一式を盗まれている。アムステル・ゴールドレースで、イタリアのマッツォレーニがアームストロングやボーヘルトらと共に非常にいい走りをした。帰りのミラノまでの飛行機が同じで話をした。そしてマルペンサ空港に着いてガゼッタ紙を購入すると、案の定、彼のことが大きく掲載されていた。新聞の記事を夢中になって読んでいたのだが、ふと顔を上げると、隣に置いていたカメラバッグが消えているではないか。思わず大声で叫んでしまった。そのとき、小柄でメガネをかけた人物が、

「君は新聞を読んでいるね、それを買ったキオスクで忘れてきたんじゃないのか」と言った。

気が動転している僕はキオスクまで走ったが、あるはずがなかった。だって、新聞を読んでいる間、自分の隣に置いておいたのだから。考えてみると、その男こそ犯人だったと思う。

彼はカバンを持っていたのだが、底の開いたカバンをカメラバックの上からかぶせて持ち運んだに違いなかった。

すぐに空港内の警察に行って被害届を出したのだが、まだ午前中にもかかわらず、その日の盗難届が文字通り束になっていた。僕が警察に事情を話している間にも、女性が泣きながら盗まれたと言って入ってきた。

撮影機材をほぼ一式盗まれた僕は、そのあとイタリアでマガジンハウスの仕事があった。同業の和田君にリストを送ってヨドバシカメラで一式買ってもらい、それをイタリアに来る編集とライターに持ってきてもらった。けれど、僕が使っていたのはひとつ前の世代のボディで、持ってきてくれたのは新型。いきなり使えと言われても要領を得ず、説明書を読んだりしながら、チポッリーニ宅訪問企画をなんとかこなした。

僕の事件とは関係ないけれど、ミラノのマルペンサ空港で荷物を取り扱う職員が集団で窃盗を繰り返していた事件があった。荷物の紛失が絶え間なかったことから、不審に思った警察が隠しカメラを仕掛けて発覚したのだ。日本だったらトップニュースになるだろうが、イタリアではたくさんある事件のひとつに過ぎないのが報道ぶりを見てわかった。万引きと同じレベルなのだ。

以降、空港に行くときには「人を見たら泥棒と思え」と自分に言い聞かせている。

最近の帰国時の一件を報告しておこう。マルペンサ空港に着いてから、自宅に機材一式を詰めたカメラバッグを積み残したことに気づいた。幸いにして家に娘がいて空港まで持って来てくれたが、この時ばかりは商売道具を忘れた自分の過ちを強く反省した。

かつてのイタリアの名監督ジャンカルロ・フェレッティは、レース会場にシューズが入ったバッグを家に忘れて来たノチェンティーニを、以降のレースから外した。プロ失格の烙印を押したのだ。

クルマのトラブル

僕の仕事の機材といえば当然カメラだが、クルマも立派な機材といえる。レースの撮影こそオートバイだが、移動は飛行機かクルマがほとんどだ。長距離を移動する以上、クルマに関するエピソードも少なくない。

僕がイタリアで最初にクルマを買ったのは一九九〇年。中古のプジョー505GTDという、ディーゼル・ターボのセダンだった。ピニンファリーナがデザインしており、素晴らしくかっこいいクルマだった。プジョーはその前の年まで、ツールのオフィシャルカーでもあった。当時、ロードのプロ選手だった唯一の日本人は市川雅敏だった。ご尊父が日本屈指のポルシェのコレクターで、自身もクルマや運転に詳しかった。彼に鍛えられ、運転も多少はうまくなったと思う。

一九九二年、友人のメルセデス・ベンツCクラスでミラノからリエージュ～バストーニュ～リエージュの取材に行ったが、長時間移動での快適さにメルセデスのファンとなり、一九九三年に200Eというミディアムクラスのセダンに買い換えた。当時は仕事を始めて五年目。多少、懐に余裕ができた頃だったし、市川に、

「日本車で事故ると死ぬぞ。買うならドイツ車にしろ」と言われていたことも大きかった。その何年か前に、NHKが日本車とドイツ車の事故時の違いを告発する番組を流すのを観た影響もあった。

ちなみにこの頃、僕はまだイタリアの銀行に口座を持っていなかったので小切手を使ったり、振込みしたりすることができず、ディーラーに現金を持っていった。一円が一五リラくらいだったので、札束の高さが30cmくらいあり、さすがに担当者も驚いていた。話は脱線するが、その原資となる日本円は、結婚してまだ二年しか経っていない妻に依頼して、日本から持参してもらった。絶対に落とさないようにと強く言ったところ、義父に借りた腹巻を胴に巻き、そこにお金を入れて持ってきてくれた。

メルセデスは、たしかに良くできているクルマだ。とくに一日一千キロを走ることが普通のヨーロッパでは、その性能がより実感できる。とくにシートが良いので、長時間乗っても身体への負担が少なくなった。なにしろレースをクルマで取材していた頃は走行距離が半年で五万キロに及んだ。半年というのは、その頃年に半分は日本に戻っていたからだ。

僕の最長記録はスペインからミラノ近郊の自宅まで一日一、六五〇キロ。これを数回やったことがある。六〇年代から七〇年代にかけてチームのメカニックをやった人から、

「アンフェタミンをやったことがないのか」と聞かれ、僕がないと答えると、逆に驚かれた。

当時の選手のドーピングの代表的な薬物だったのだけど、チームのスタッフも長距離の移動の時に居眠り運転をしないように使っていたのである。

さてクルマの購入当初、うれしさあまって一〇万円くらいするカーステレオをつけた。当時のカーステレオはよく盗まれたので、取り外すことができる弁当箱ほどの本体を誰もが持ち歩いていた。今考えると本当に滑稽な光景なのだが、イタリアではこれが常識だった。実際、初めて取材した一九九〇年のミラノ～サンレモではレンタカーを借りたが、レースが終わって家の前に止めておいたら、ガラスが割られていた。カーステレオを狙ったものだった。レンタカーのものは固定式で持ち運びができなかった。

自分が買ったカーステレオは最新式で、本体を持ち歩くのではなく、小さな操作パネルだけを持ち歩けばよかった。この最新式カーステレオをつけてすぐ、プロ第一戦を迎えた今中大介を取材するために、クリテリウム・アンテルナシオナル（フランス）に行った。当時、このレースは南仏で行われていた。イタリアもスペインもフランスも、南というのは治安が悪い。この頃よりもさらに前にメカニックとしてヨーロッパに渡っていた藤原富美男さんは、レースが南仏に入ると、自転車が盗まれないように機材トラックの中で寝たこともあったそうだ。またクラウディオ・キャプーチも長い間プロとして走って来たけれど、南仏に入るとほぼ毎年チームのなにかが盗まれたと言っていた。

さて、アヴィニョン郊外のホテルに宿泊し、朝、駐車場に行くと、クルマのそばにシリンダー鍵が落ちていた。それは僕のクルマのドアからもぎ取られたもので、つけたばかりのカーステレオをはじめ、トランクに入れていた取材の道具が全部なくなっていた。警察に行くと、

「昼休みだからあとで出直せ」と言われ、カーステレオの盗難など犯罪のうちに入らないことを身を以て知った。

今中のプロデビュー戦を取材し、ドアの鍵が壊されたままのクルマでミラノに戻るときに、国境でイタリアの警察官に職務質問された。そして壊れたドアのことを聞かれたので事情を話すと、

「ドアだけで幸いだった。クルマは残ったのだから」と慰められた。

だけど一〇万円が一週間で吹き飛び、壊された箇所の修理代も加わったのはかなりのショックで、改めてヨーロッパの治安の悪さを知った。その後もブエルタではメルセデスのスリースターのボンネットマスコットが折られたり、ツールで夜間にタイヤの空気が抜かれたりした。

一九九六年のツール・ド・フランスでは、連日雨が続いた。ご存知、ミゲル・インドゥラ

インが六連覇を達成できなかった年だが、大会前半の連日の雨も影響したのではないかと言われた。僕はこの頃まだオートバイの許可がもらえず、自分のメルセデスで取材していた。そして連日の雨でワイパーを酷使したせいか、とうとうレース中に動かなくなってしまった。スピードは出ていなかったが雨で視界を失い、中央分離帯に乗り上げてしまった。沿道警備の警察官も飛んできた。まもなく広告キャラバン隊が通過したので、いちばん後ろについているレッカー車に止まってもらったが、ゴールまではわずかの距離なのでそのまま走れというではないか。泣きそうになりながらもそのステージをワイパーの止まったクルマで完走し、さらにホテルまで雨の降る高速道路を窓から顔を出して運転しつつ、たどり着いた。これ以来、フロントガラスに塗る撥水剤を日本から持参するようになった……。翌日、修理工場に行ったら、土曜日ということで緊急出勤手当も加わり、よく覚えていないが、モーター交換で五万〜一〇万円の出費だったと思う。

ところで、ツール・ド・フランスにいる人間のなかで、大バカ大賞なるものがあったならば、二〇〇〇年の僕はきっとトップに輝いたことだろう。

今でこそカーナビが発達していて、とくにヨーロッパでは吸盤でフロントガラスにつけて使うトムトムとガーミンが愛用されている。後者の方は、プロチームのメーンスポンサーにまでなっていたのだから、市場の大きさがうかがえよう。

しかし、今からわずか一八年前とはいえ二〇〇〇年当時、そうしたものはまだなく、地図を頼りに運転していた。当時のツール・ド・フランスは景気が良く、大量のお土産が取材陣に渡された。大会受付会場に行くとまずはフィアットの大きなバッグが渡されるのだが、各スポンサーのブースでTシャツやら酒やら、お土産やらが与えられ、あっというまにバッグが膨れ上がったものだ。

しかし、一九九八年にフェスティナのドーピング事件が起き、それを境にお土産がいっさいなくなった。一年後の一九九九年大会では、ボールペン一本だけになったという衝撃的なスポンサーの撤退ぶりを今でもはっきりと覚えている。その何年か前の大会受付では、ゴージャスなフランス地図がまるで捨てられたかのように無造作に積まれていた。買えば最低でも二〇〇〇円はするような立派な大判のブック型フランス地図が、一人で何冊も取り放題だったのだ。僕はそれを頼りにグランデパール、つまりツール・ド・フランスの出発地点までミラノからクルマで行った。正しく言うと、行ったつもりだった。

しかし、到着地に誰も来ていないし、看板も立っていない。おかしいと思って調べてみると、僕が到着したのは前年のスタート地だったのだ。前年に地図に書き込んだ丸印を今年のものと思い込んで出発地点を間違える人間など、僕以外にはいないと思う。いや、いるはずがない。

そしてこのあと、さらなる災難が起きた。

ツールは南仏のカルカソンヌに入った。朝、駐車場に行くとクルマがない。一瞬レッカー移動されたのかと思ったが、そこはホテルの駐車場。五秒後には盗難だと気付いた。そういえば、深夜にエンジン音が聞こえ、駐車場から出て行くクルマがあったが、音からして、あれだったにちがいない。ちょうど車両の盗難保険を打ち切った後だったのもショックだった。今はどうなのか知らないが、当時はクルマの盗難保険が四つに分かれていて、盗まれやすいクルマほど掛け金が高かった。フォルクスワーゲンのゴルフや僕のメルセデス、ＢＭＷなどは最高額だったのだ。だから打ち切ったのだけど、周りから、

「盗難保険に入らないなんてあり得ない」と言われた。そんなこと、知らなかった。

撮影機材こそ部屋に入れておいたので無事だったが、国際免許証はダッシュボードのなかに入れてあったので、レンタカーが借りられない。警察に行くと、担当の若い警察官が非常に親切で、盗難の書類手続きとともに手紙を書いてくれてレンタカーを借りられるようにしてくれた。

「私は知らない」と一言残し、さっさと行ってしまったホテルのマダムとは大違いだった。ちょうど翌日が休養日で、僕は取材を続けるためにできる限りのことをやったが、最初のミッションはスーパーマーケットでパンツを買うことだった。

後日、この出来事をイタリアのプロ選手に話したら、彼はこう言った。

「オレの知り合いがクルマ泥棒を生業にしているけど、ベルギーから金髪の美女がスポーツカーを買いに来たのを見たよ」そういう闇市場があるのである。

盗難後、ツールの取材を続けるために借りたレンタカーはセアトだった。日本には輸入されていないと思うけど、フォルクスワーゲングループのスペイン車だ。これでアルプスの山を下っているとき、白バイが横に来て、

「もっと速く走れ、後ろにプロトンが来ている」というではないか。

九十九折りの下りを僕は全力で降りたが、再び同じ白バイがやって来て、また同じことを言う。今でこそ、ツールのプレスも普通にスピード違反を取られる時代になったが、当時はスピードもシートベルトも飲酒も、レース中はまったく関係なかったのだ。

こんなこともあったが、この大会はレンタカーでなんとか乗りきった。そして僕はこれをきっかけに自分でクルマを持つのはやめて、レンタカーを借りることにして、今に至っている。

しかし、レンタカーだってクルマ。トラブルはこれまで数え切れないほどある。二〇一五年のブエルタでは山中で故障し、数時間待ってレッカー車に運ばれた。不幸中の幸いだったのは、クルマが止まったのはコース上ではなく、駐車場だったことだ。もしコースに出ていて選手が来ようものなら下りだっただけに大変なことになっていた。

電気的な故障で走れなくなってしまったレンタカー。レッカー車が来るまで数時間待った。
(Vuelta a Espana 2015)

二〇一〇年のブエルタではレンタカーがアウディだったのを喜んだのは束の間、サイドミラーが落下するトラブルがあった。それはサイドミラーの中の鏡の部分だけで、走行中に気づいたら鏡のまわりの枠しか残っていなかった。ところがレンタカー会社は金を払えの一点張りで、クレジットカードから金を引き落とした。ぶつけたわけでもないのに、鏡が落ちたのはこっちのせいだというのはあまりに理不尽で、徹底抗戦に出た。半年以上経ってからようやく金が戻ってきたが、スペインのレンタカーのひどさには懲りている。

ブエルタ・ア・エスパーニャがスペインのビゴからスタートしたのは二〇〇七年。ホテルに駐車場がなく、道路に駐めておいたら、夜間にガラスが割られて、中のものが盗まれていた。

この頃は盗難にも慣れていたので、何をすべきか冷静に対処できた。まず、被害届を出すために警察に行ったのだが、まずは当然のごとく、名前からだったが、

「母親の姓は」と聞かれて驚いた。

たしかにスペインは父親の姓のあとに母親の姓が入る。

「日本にはそんな母親の姓なんてない」と言ったら、

「入れないと、コンピューター画面が進まない」と言われ、結局、僕の名前は「ユヅル・スナダ・ホリ」となった。

そのあと、警察官がパトカーでタクシーやバスしか通れない道を先導してくれて僕をホテルまで届けてくれた。そして空港に行ってレンタカーを交換してもらった。

コルシカ島からツール・ド・フランスがスタートしたのは二〇一三年。コルシカ島内でレンタカーを借りたら、ディーゼル車だった。そのあとニースに飛行機で渡り、新たにレンタカーを借り直したが、今度はガソリン車だった。そして数日後、このレンタカーを返す時になって、軽油を入れてしまった。

満タンになったときにようやく気づいたが、すでにスタート時間も迫っている。セルフのスタンドで係員はおらず、まして日曜日なので歩いている人すらいない。僕は気が動転し、本当になんでこんな馬鹿なことをしたのか自分でも信じられないのだが、とっさにそこにガ

夜間、路上に停めておいたら、ガラスを割られて荷物を盗まれた。(Vuelta a Espana 2007)

ソリンを入れてみた。結果は一リットルも入らなかった。それを動かしてみると、一キロほどで止まってしまい、結局レッカー移動となった。この時も確か五万円ほどの罰金をレンタカー会社に支払っている。

軽油で満タンになっているのに、ガソリンをさらに入れようとする。パニックになった人間はとんでもないことをするものだが、このときの僕がまさにそうだった。

これが例えばジロだったらもっと落ち着いて行動できたと思うが、絶対に現場から離れるわけにはいかない大事な大会「ツール・ド・フランス」だったからパニックになってしまったのだ。かつて、ある日本人メカニックから良い話を聞かされた。

「自転車の修理は時間と場所さえあれば、誰でもできる。だけど、スタート前の事故など、とっさの対応を迫られた時に、メカニックとしての技量が発揮される」と。

取材現場のフォトグラファーも同じことである。撮影機材、オートバイ、クルマ……形あるものはいつか壊れる。それが取材現場で起きた時にどう対処できるかは、フォトグラファーの能力の一つなのだ。

フライト

レース会場に行くとき、それから帰国するときなど、飛行機による移動も頻繁だ。今は世界のいろんな国々でレースが開かれるから、飛行機に乗る回数は増えるばかりだ。おかげで、スターアライアンス、ワンワールド、スカイチームといったアライアンスはすべて上級カードを持っている。

一方、移動が増えるに連れ、トラブルも正比例で増える。とくにレースが立て込んでいると、航空券を確認する余裕すらなくなってくる。二〇〇四年のジロでは、一旦レースを引き上げてミラノに戻り、シドニーで行われるトラック・ワールドカップに向かった。ところが切符をちゃんと確認しなかったために二つあるミラノの空港を間違えてしまった。気づいたのは空港に着いてからで、一瞬目の前が真っ暗になった。奇跡的に同じルフトハンザ便が間違えた空港からも出ており、わずかのペナルティを払うだけでことなきを得た。

二〇〇二年のツール・デ・フランドルが終わったあと、ゴールから電車に乗ってブリュッセルの空港に向かった。時間がなかったので大急ぎでチェックインし、走ってゲートに向かうと、ステファノ・ザニーニ（現アスタナ監督）がゆっくりと搭乗ゲートに向かって歩いていた。彼と僕とは向かう空港が同じなので、これで飛行機に乗れると安心した。このレースは、彼のチームメートであるターフィが優勝しており、ザニーニは満足感に溢れていた。対照的に僕は汗だくになって飛行機に乗り込んだ。

次の日、写真エージェントから固定電話に連絡があった。

「おまえの撮ったターフィの写真が今日のガゼッタ紙のトップページに出ていることを伝えようと携帯に連絡したら、ベルギーの警察官が出たんだ。お前の携帯電話、警察に届いているよ」

よく考えてみると、X線検査場に忘れてきてしまったのだ。自分の携帯に電話してベルギー警察に連絡をとったところ、イタリア行きの飛行機に乗せるので、ミラノの空港まで取りに行けと言われた。

二〇一三年、今度はパリのレキップ社に打ち合わせに行ったとき、同様に携帯電話を紛失。X線検査場にメールで問い合わせたら、やっぱりそこにあった。ところがフランスだからか、あるいは時代が変わったからか、飛行機に乗せてくれるといったようなサービスはなく、僕は泣く泣くミラノとパリを往復した。外国、しかも国をまたいでの置き忘れは大変なことになってしまうのだ。

携帯電話は出てきたからいいけれど、空港でのトラブルやストライキによる遅延、天候不順による予定外の着陸等、これまで数え切れないほどある

その初めての経験はモスクワ空港だった。日本からミラノに向かうのにモスクワを経由し、そこで一泊する予定だった。ところが到着すると、

「今ホテルは改装中で部屋が少ないので、泊まれるのは女性とお年寄りだけ。他は空港で過ごすように」と一方的に言われ、食券を一枚渡された。外は雪が積もっていてとても寒く、朝まで一睡もできなかった。しかも、食券を持ってレストランに行くと、従業員は世間話をしているだけで、働く意欲がまったくなかった。まだソ連だった時代だ。そしてミラノで出てきた荷物は荒らされていて、中のものが盗まれていた。

ロシアになった今も相変わらずひどく、テレビのクルーに聞くと、現在でも機材を持ち込むのに税関で賄賂を渡しているという。

それから、ミラノからモスクワ経由のJAL便で帰国したときにも事件があった。機内で、「お医者様か看護婦さんがいらっしゃったら、お声をかけてください」というアナウンスが流れた。ドキッとする放送だけれど、僕はこれまで何度もこれを聞いている。

そのうちモスクワに到着。見所のない窒息しそうな空港で時間を潰し、再度飛行機に乗り込んだが、いっこうに飛び立つ気配がない。それどころか、スチュワーデスさんが何度も乗

客の数を数えている。一人足りないのだ。僕は飛行機の中で具合が痛いといっていたイタリア人女性じゃないかと思っていたが、案の定そうだった。その女性はなにも連絡をしないまま、病院に行ったらしいのだ。まあ、イタリア人だったらなきにしもあらずと思っていたが、今度はその人の荷物を出すために、全部の荷物を下ろす作業が始まった。こうして何時間も空港で時間が潰れたが、なんとかモスクワを飛び立った。

そうしたら今度は飛行機の中の中国人の容態が悪くなり、お腹の痛みで気を失ったという。もう少しで日本到着だったのに、ハバロフスクに緊急着陸した。滑走路はガタガタだし、窓から見える建物もボロ。飛行機の中に何時間も閉じ込められた。さらに、日本領事館の人が空港に来て事務手続きをしているという。緊急着陸

元スチュワーデスの初恵さん一家と。パリ~ルーベのスタートであるコンピエーニュにお住まいで、よく食事に招いてくださる。実は旦那さんも写真家。(Tour de France 2007)

同じくエールフランスの元チュワーデスのいずみさん。いつもおにぎりの差し入れをしてくださる
(Tour de France 2015)

で、たとえ空港内に入らなくても、なんらかの手続きが必要なのだ。やっと飛び立てると思ったら、今度は燃料を入れるところの口が合わず、燃料入れに苦労しているという。ベテランのスチュワーデスさんに聞いたら、一回のフライトで二人の急病人が出たのは初めての経験だと言っていた。

僕はこの時、東京でテレビ出演があった。最悪、番組に穴を開けることを覚悟していたが、それには間に合った。

飛行機の中で出会い、あとあとまで付き合いが続いたのはわずか一回。それはツール・ド・フランスが終わって、パリから東京までのフライトだった。ギャレーにエスプレッソコーヒーをもらいに行くと、二人の日本人スチュワーデスが坐って話し込んでいる。機内はガラガラで、

「よかったらいっしょにお話ししませんか?」と誘われた。

二人とも結婚してからフランスに移住しており、定年退職間近。昔からの知り合いでたまたま乗務がいっしょになり、話に花が咲いているところだった。一人はパリ~ルーベのスタートであるコンピエーニュに在住され、もう一人はしょっちゅうツールの休養日の地となるポーにお住まい。退職された今でも毎年パリ~ルーベやツールの休養日に食事に招いてくださる。だが、こんな素敵な出会いはこれまで一回しかなく、ひどい「出会い」の方が圧倒的に多い。

これまで体験した最悪の出来事を書こう。ヨーロッパから香港を経由して日本に帰ってきた時だった。隣の座席に、香港から乗り込んできた中国系の男が坐った。スチュワーデスさんがワゴンをひいて通るたびに飲み物を頼む。ちょっと変わった人だなあと思っていたら、今度は持ち込みのフライドチキンをむしゃむしゃと食べ出した。煎餅やみかんなどは日本のおばちゃんたちの専売特許だけど、フライドチキンは初めて見た。しかも、食べ方が下品。なんとなく、負のスパイラルに巻き込まれそうな空気を感じる中、その男、口から吐き出した骨を、なんと僕の座席の前にあるポケットに入れたのである。しかもティッシュで包むでもなくハダカで。「悪夢を見ているような」という例えがあるが、一瞬これが現実なのか悪夢なのか、とにかくよく分からなかった。呆然自失、頭の中が真っ白、表現はいろいろあるが、とにかく目の前で起きたことが信じられなかった。僕はなんのリアクションも起こすことができず、金縛り状態となった。さらにその男、飢えたノラ犬の如くフライドチキンにかぶりつき、その骨をまた僕の前のポケットに入れた。この瞬間、「現実」と「悪夢」の中間に位置していた頭の中のスイッチが現実側にスライドし、金縛りが解けた。

「これは悪夢ではなく、現実なんだ！」

どうせ言っても分からないからヒジ鉄を食らわした。男はきょとんとしてこっちの顔を見たので、骨を指差して睨みつけた。そいつは、意味がよく分からないといった顔つきで、骨を二本、自分のポケットに入れ直した。やっぱりハダカのままで。人間の顔をしたケダモノも世の中にはいるのである。前述のスチュワーデスさんたちにこの話をしたら大爆笑、見たことも聞いたこともないって。そりゃそうだろう。

これは数年前の話だが、僕の後ろの席にスチュワーデスさんがやってきて、若い女の子二人と長時間に渡って話している。「警察」という言葉が聞こえたので耳をそばだてたら、一人の女の子が隣の座席の男から痴漢行為をされたために、今いる座席に移って来たらしいのだ。スチュワーデスさんがその男を問い詰めて警察という言葉を出したら、とうとう罪を認めたという。女の子は泣いていたけれど、スチュワーデスさんは、

「絶対に許せないので、ぜひ警察に届けて欲しい」と説得していた。そしてしばらく場を離れたがまた戻って来て、

「到着空港に警察官が待機しています」と言った。

飛行機の中でそんなことをする輩がいるのかと思って驚いた。この事件は後日、ニュースになった。


これまでにトラブルは数え切れないくらいあるが、遅刻したことだけは全くない。ただ一度だけ、ある仕事がうまくいかず、もんもんとして眠れずに寝坊してしまい、フレーシュ・ワロンヌに行く飛行機を逃しそうになったことがある。時計を見て驚き、ミラノからベルガモまでの50kmの道を、あまり大きな声では言えないが、アクセル全開で行ったところ、幸いイタリアの女子選手たちが（フレーシュ・ワロンヌは女子のレースも同じ日にある）チェックイン・カウンターで列を作っていたので助かった。

八〇年代後半から九〇年代前半に大活躍したイタリアのクラウディオ・キャプーチは飛行機が遅れ、スペインのレースへの出場が危ぶまれた。空港に着いたのはレースの直前。監督はスタートにいなくてはいけないから迎えに行けない。そこで、知り合いの配管屋に行ってもらった。パイプを荷台に積んだトラックで現れたキャプーチはスタートに間に合い、そして優勝したそうだ。けれど、飛行機に乗れるだけまだいい。中には飛行機を使えない選手もいるのだ。僕が初めて取材したパリ～ルーベは一九九〇年だが、そのときの優勝者エディ・プランカールトはクルマの移動で来ていた。

こんなこともある。一九八六年のツールで3位、一九八八年のジロでも3位となったスイスのウルス・ツィンマーマンは一九九一年のツールの移動日に指定された飛行機を使わずにクルマで移動したため、コミッセールは失格の判定を下した。幸い、選手たちが彼を援護してストライキを起こしたためにこの判定は覆されたが、彼は飛行機に乗るのが苦手だったのだ。

肉体のトラブル

二〇〇一年にアントワープで行われたトラック世界選手権では歯茎が炎症を起こし、強烈な痛みに襲われた。友人に薬を買ってきてもらったが、まったく効かなかった。だが、仕事は完遂した。

しかし、本当に仕事を投げてしまったレースがこれまで一回だけある。一九九五年のジロ・デル・トレンティーノである。すごい熱が出たけれど、風邪ではなかった。ちょうどマペイチームと同じ宿だったので、チームドクターに診てもらった。今はBMCのドクターをやっている彼から大したことはないと言われて薬をもらったけれど、発熱で朦朧としてどうにもしようがなく、予約してあったオートバイをキャンセルしてミラノの家に戻った。病院に行ってわかったのは、子供からもらったウイルス性の口内炎だった。それから一週間、寝たきり状態となった。

二〇〇八年のツール・ド・フランスでは、写真を撮るのに欠かせない右目が痛くなり、ちゃんと開けていられなくなってしまった。スタートでレースドクターに診てもらった。オープンカーから走っている選手の止血をしたり、腫れ止めのスプレーをしたりする、テレビにも良く映し出される人だ。僕には目薬をくれたけれど、痛みはまったく引かなかった。レース終了後、どうにも耐えられずに仕事仲間のクルマで病院に連れて行ってもらった。眼科医の見立てでは、葉っぱか花粉か分からないが、植物性の鋭いなにかが目に刺さっているという。慎重にそれを取り除いてもらったら、痛みがウソのように取れた。チームドクターやレースドクターは、ちゃんとした医学の知識を持っているとはいえ、あくまでも応急処置しか施してくれないことを身を以て知った。

先述したが、僕は二〇一五年のジロでオートバイもろともガードレールに突っ込んだ。事故の時、救急車に乗って病院に行くように強く言われたが、僕はやせ我慢をしてその場で屈伸運動をして見せた。仕事のことを考えるとリタイアはできず、入院するわけにはいかなかった。僕は救急車とオーガナイザーのクルマを乗り継ぎ、プレスルームで数枚の写真を送ってホテルに向かった。ところがホテルに着くと、膝に激痛が走り、もう歩くことができなかった。服を脱いで初めて分かったのは、下着は血だらけで、縫う必要のあるような傷もあった。

僕は救急車に乗せられた。乗り込んでくれた女性の救急隊員がすばらしい美人で、見とれているうちに病院には着いた。だが順待ちの長い列ができていて、何時間も待たされた。

もう一〇年以上前になるが、現在ブリヂストンで監督をやっている水谷が当時まだ選手の頃で、ジロ・ダブルッツォで足が化膿し、彼の病院行きに付き合ったことがある。この時も、夜になってもまだ診てもらうことができず、僕は一人ホテルまで帰って来た。結局彼は選手のテテで裏口ルートを使い、イタリア式に順番をジャンプして診てもらったが……。そんなことを思い出しつつ、よくやく処置が終わったのは深夜だった。ジロでの事故だから優先して診てもらえるなんてことはまったくなく、一般の患者と同じ扱いだ。

二〇一二年にテイラー・フィニーがマリア・ローザを着て病院に運ばれたときも、普通の患者と同じく何時間も待たされたという。このことが、レントゲン設備を持つ救急車がジロに随行するきっかけともなっている。

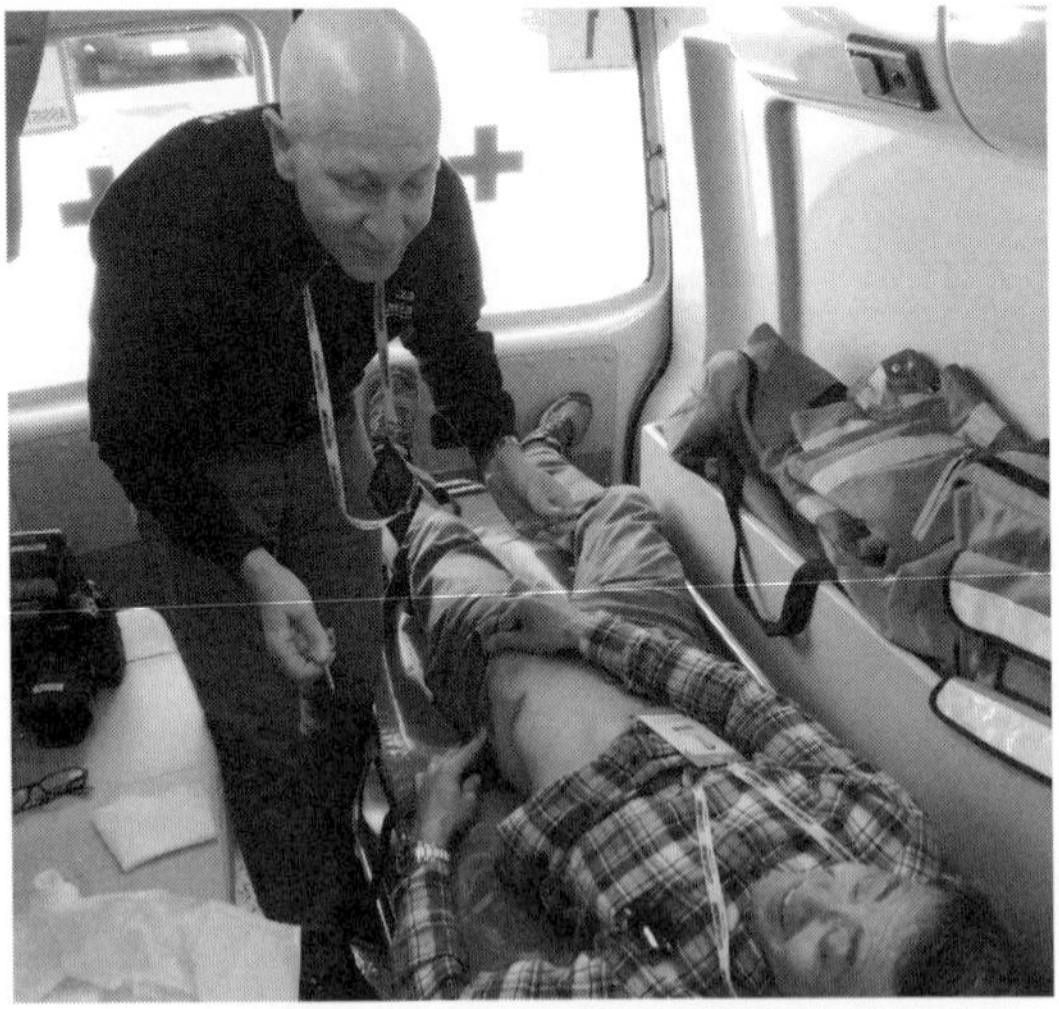

オートバイでガードレールに突っ込んだ後、毎日救急車の中で治療してもらった。
(Giro d'Italia 2015)

走りながらドクターに治療してもらう選手。(Giro d'Italia 2013)

処置を終えた僕が次に運ばれたのは、仮眠室だった。今晩はここに泊まれということだ。僕はこのときばかりは、

「ジロの写真を撮っているから、ここにいることはできない。帰してくれ」と懇願し、このわがままが認められた。医師や看護婦も、近くにジロが来ていることくらいは知っていて、それが幸いした。

歩くこともままならないけど、仕事を放り投げることは絶対にできない。レースは毎日ある。だから、病院に通うことはできない。その日から、僕の主治医はレースに随行しているドクターで、診察室はプロトンの後ろを走る救急車の中となった。恐ろしいことに、ドクターは足を引きずって亀のようなスピードで歩く僕に、

「もう、オートバイに乗って撮影を始められるよ」と言った。事故からわずか一週間のとき

である。フランスにいた新城幸也から、

「レースドクターは選手を走らせるのが仕事だから、ちゃんとした病院で診察を受けなければだめです」

現場にいたマッサージ師の中野喜文からは、

「まずは安静と固定」

と言われた。さらに日本にいる医者からは、

「後遺症が残るから、ちゃんと病院に行くように」

と強いアドバイスをもらっていた。

けれど、僕はレースドクターの声を天からの声と解釈し、本当にオートバイに乗って取材を開始した。実際のところ、乗り降りさえままならなかった。この時、あらためてレースドクターの立場がよく分かった。僕を診てくれたことに対しては本当に感謝の気持ちでいっぱいで、心からお礼を言った。そのせいか、後日ドクターや救急隊員たちといっそう仲が良くなった。

「二〇〇五年のジロでお前が転んだ時も救急車で運んでやったんだぞ」とからかう人もいた。

お世話になったジロの救急隊員たち。左端のトレディチ医師はジロを数十回経験している大ベテランだ。
(Giro d'Italia 2015)

さらに、まっさきにかけつけた警察の白バイ隊員から、フェイスブックの友達申請が来て、これには苦笑した。

プロトン

プロトンは自転車用語で選手の集団を指すけれど、広義に解すれば自転車界全体も一つのプロトンだ。僕にも一員を構成しているという意識がある。三〇年もこのプロトンにいると、選手はもとより、チームスタッフやオーガナイザー、報道、さらには常連の観客とも顔見知りになる。たとえお互いに名前を知らなくても、笑顔で挨拶する。自転車の世界も一つの社会なわけで、マナーを守らなかったり、挨拶ができなかったりすると、居場所がなくなっていく。

日本人の社会でも挨拶はとても大切だが、フランス社会はさらに上を行く。知らない人間でも、目が合ったら挨拶を交わす。どちらが先に声を掛けるか、後先を争う意識さえあるほどだ。あるとき、思いがけないところからこんな話が入って来た。

「変な日本人が多いなかで、おまえはしっかりしていると、某レースディレクターが言っていた」というのだ。

僕自身、日本人がそんな風に見られているのかと、大きなショックだった。僕はヨーロッパでの生活が長いから、いちおう現地での振る舞いというものは分かっているつもりだ。知り合いの男性がいれば声を掛け、握手をする。これが女性だったらキスもしなくてはいけない。その度合いというものもあって、フランスはイタリアやスペインよりもこまめにやる。久しぶりに出会った男性でも抱擁《ハグ》するのは当たり前で、お互いの頬にキスすることも普通だ。

ところが、日本からの取材陣は、どうしてもそこまではできない。それどころか、落車して泣いている選手の横でいっしょになって寝転がり、30cmほどの至近距離から撮り続けた者がいた。あるいは好きな選手とねんごろになるためにレースを追いかける者もいた。当然悪い評判が立つし、それどころか、大多数の真面目にやっている日本人までが、東洋人の顔の区別がつかないために、後ろ指を指されるということまで起きていた。

日本からは誰も取材に来ていない時代から、「モノマネ日本人」だの、「選手もいない国のやつが」などと言われ辛い思いをしながら築き上げてきた信頼が崩壊するかもしれないと、神経質にならざるを得ない。

以前ブエルタを見に来ていた日本の女の子がいて、その日彼女が野宿するかもしれないと言うので驚き、なんとかしてあげたいと思った。結局、何もしてあげられなかったのだけれど、後日、たまたまインターネット上でその子が「バカ扱いされた」と書き込んでいるのを見つけ、驚いてしまった。こうなるともう近寄らないのがいちばんと言うことになる。そんなこともあり、日本からレースを取材に来たり見に来る人がいても、ついつい警戒心が先立ってしまう。

選手やチームも昔とは変わってきている。マリオ・チポッリーニはこう言った。

「自分には有名なトークショーだの、カルチャー番組だの、催し物などに招待される機会が幾度となくあった。だけど、今の自転車選手にそうしたことなんかまったくない。上の人に仕切られていて、それらの人がこうしたことを考えることもまたない。これがものすごく残念だ」

「自分が走っていた時は、選手に発言力があった。だけど今はＵＣＩの下に各チームのマネージャーがいて、その下にいる選手はなにも言わない」と。そこで、

「たとえば一九九一年のヘルメット騒動もそうだったね」と言うと、彼は我が意を得たりと手を叩いた。

ＵＣＩは一九九一年からアマ・プロともにハードシェル・ヘルメットの着用を義務とした。それまでプロのヘルメットの着用義務は、各国の連盟の判断に委ねられていた。一九八九年からイタリアはプロの間で義務化されたがスペイン、フランス、スイスなどは自由だった。ただ、義務化と言っても革のカスクでもよかったのだ。それがいきなりＵＣＩの会議でハードシェル・ヘルメット着用の決議がなされたものだから、関係者が戸惑うのも無理は無かった。ヘルメット着用の安全性を問題にしているのではない。実際に着用する選手の意見を無

視するUCIの強権体質への抗議ということだ。

一九九一年のシーズン開幕早々、パリ～ニースで選手のストライキが起きた。ロウチ、フィニョン、マディオ、デュクロラサール、さらにハードシェル・ヘルメットのメーカーと年間一千万円近くで契約するレモンまでが着用義務に反発。レースのオーガナイザーに詰め寄るシーンが見られた。そして選手たちは何もかぶらずに出走した。この大会はロミンガーの優勝で幕を閉じたが、最終成績の欄には「ただしこの成績を認めるかどうかはUCIで検討中」という但し書きが付け加えられた。続くティレノ～アドリアティコでもアルジェンティーンが中心となって反発し、選手の坐り込みが起きた。そしてヘルメットを付けずにスタートし、途中から着用するなどという抗議行動が行われた。チポッリーニもこのレースに参加していた。

この年のツールでは大会序盤でフランスのボワイエが暑さで我慢できずに頭から外したのをきっかけに次々と選手が着用しなくなり、規則が崩壊してしまう。こうした選手側からの強い発言だとか行動といったものは、今の自転車界ではもう見られなくなっている。それどころか、周りが発言させないようにしている。二〇一八年のツール・ダウンアンダーの記者会見のとき、フルームから喘息治療薬サルブタモールが規定量を超えて検出されたことについてどう思うかという質問がサガンに飛んだ時、プライベート・マネージャーのウボルディが大きな声で、

「ペテル、それに答えてはいけない。この記者会見にふさわしい質問じゃないから」と大きな声で制した。

今は、選手が個人的な思いを喋ったり行動したりするのは難しい時代なのだ。だから、選手が書き込むSNSも、鵜呑みにしてはいけない。


抑圧されたところからは、スターも生まれなくなって来る。自転車界はどの時代も強い選手であるよりは、スターを欲しているものだ。スターというのは実力に加えて言動に華があり、人々に共感を与え惹きつける魅力に溢れている選手だ。

僕がこれまで見て来たこの三〇年で本当のスターといえば、なんといってもパンターニとチポッリーニの二人だった。パンターニは上りで、チポッリーニはスプリントで無敵だった。元々、

僕にとって本当のスターはイタリアのパンターニ（左）とチポッリーニ（右）だった。
(Giro d'Italia 2003)

ヒルクライマーの方がスプリンターよりも人気を得やすく、その分、契約金も高くなるのだが、とりわけパンターニは無謀とも思える攻撃的な走りでファンを沸かせた。チポッリーニですらパンターニのファンだったと言った。

パンターニが麻薬中毒に陥っていったことは前述したが、これを救おうとしたチポッリーニは同じチームで走ろうと企て、電話でも連絡を取り合っていたのだが、パンターニの個人マネージャーのロンキと、チポッリーニのチームマネージャーのサントーニの意見が一致せず、実現しなかった。

パンターニは一九九九年のジロでの失格で心に深い傷を負い、コカインを服用し始めた。そのことは噂こそされていたが、一般にはまだ報道されていなかった。ただ二〇〇〇年十一月三日、クルマ八台に接触する自動車事故を起こしたとき、もう普通でないことは明らかだった。後年、当時のジロのボスであるカステッラーノに訊いたら、この事故でコカインが検出されていたことを教えてくれた。上層部は自転車界の宝物を可能な限り庇っていたのだ。パンターニは急速に衰えていく。毎年ジロにこそ出場したものの、二〇〇〇年が28位、二〇〇一年と二〇〇二年がリタイア。唯一、二〇〇三年は復活の兆しが見えていた。第17ステージ終了時点での総合成績は10位につけていた。翌第18ステージは山岳コースで、ときおり雹が降る厳しいコンディションだった。オートバイが走るのはやっとで、前をゆくVIPカーはスリップして止まってしまい、背広姿の連中が後ろから押していた。

そのとき、パンターニがコッレ・ディ・サンペイレ峠の下りで落車したというレース無線が入って来た。現場に駆けつけてみると、悔しさで涙を流していた。自転車を交換し、シューズも履き替えているうちに大きくタイムをロス。その日、一気に総合23位まで順位を下げた。

レースが終わってプレスルームにオートバイで向かう途中、パンターニが後方から自転車でやってきた。

「痛かっただろう」と聞くと、

「いや、ちょっと腕を痛めただけで、たいしたことはないさ」と言った。

ただ、なぜかすぐに目をそらした。落車して泣いているところを見られて恥ずかしかったのかもしれない。そしてそれが僕らが交わした最後の言葉となった。翌年の二月十四日、リミニのホテルで死んでいるのが発見された。死因はコカインの過剰摂取だった。

今、僕の周りにはパンターニといっしょだった多くの人が自転車界に残っている。アシストだった連中、たとえばヴェーロはRCSで僕たちフォトグラファー相手のレギュレーターをやっているし、ポデンツァーナはノヴォ・ノルディスクの監督、キエーザはイスラエルの監督だ。メルカトーネウーノで第二エースだったガルゼッリはテレビの解説でレース会場にいるし、カレーラでいっしょに走っていたボンテンピはRCSでオートバイに乗っている。監督だったマルティネッリはアスタナにいるし、もう一人の監督ジャンネッリはRCSで働

いている。共通しているのは、みんな当時のことをあまり喋らないということだ。パンターニが死んだとき、この中の一人に、

「墓参りに行ってきたかい？」と訊いたら、彼はこう言った。

「マルコが活躍している時に持ち上げるだけ持ち上げ、そのあとはドーピングで総攻撃。そんな彼が可哀想で、いたたまれなくて行ってないんだ」

はっきり言おう。あの頃はみんながやっていた。レースのスピードは異常に高く、アタッ

峠の下りで落車に巻き込まれ、涙を流すパンターニ。(Giro d'Italia 2003)

クに次ぐアタックの繰り返しを見れば一目瞭然だった。もちろん、やっていなかった選手もいたかもしれないが、それはごく少数だったと思う。けれど、そうした状況は誰にも止められなかったし、それが当たり前の時代だった。今になってあの頃のことを持ち出して批判することは、誰にもできないと思う。幸い、今の自転車界はすっかり変わり、かつての面影はなくなった。

この二人がいなくなったあと、おそらくリッカルド・リッコが次のスター候補だったと思う。アマチュア時代から頭角を現したが、血液のヘマトクリットの値が何度も基準を超えて問題にはなっていた。二〇〇六年にプロ入りし、勝利第一号がジャパンカップだった。その三ヶ月後、ポルシェ・カイエンで高速道路を走行中に70kmオーバーで捕まって免許取り消し処分を受ける。一方で自転車の方は勝ち続け、二〇〇八年のジロでは総合2位となった。しかし、その年のツールでEPOが検出された。処分明けに再び勝ち始めたが、今度は自分で冷凍保存した血液を体内に入れて死にかけ、それが原因で自転車界を追われた。悪ガキがそのまま大きくなったような選手で、憎まれ口を叩くところは逆にスター性十分だった。今はスペインのテネリフェ島でアイスクリーム屋を営んでいる。

このリッコと似たタイプなのだが、ベルギーにはフランク・ヴァンデンブルックという、とてつもない天才児がいた。ただやはり彼も有名な問題児だった。僕がペタッキの家に行っ

た時、彼のチームであるファッサボルトロにヴァンデンブルックが入るにあたり、奥さんのキアーラに、

「今度すごいのがやって来るんだ。ブエルタでは毎日明け方まで女遊びをし、それでも翌日にはアタックさ」それはすでに有名な話だった。

ヴァンデンブルックはどこのチームでも問題を起こして点々と移り歩いた。私生活でもいつもスキャンダラスな話題を作っていた。二人目の奥さんはイタリア人で、よくレース会場

スター性十分だったリッコだが、ドーピングで自転車界を追われた。
(Giro d'Italia 2008)

にも来ていたが、二〇〇五年のパリ～トゥールで、
「フランクはやる気を出した。今は固定ギアで練習している」と、目を輝かせて話してい
たのが忘れられない。
最後にヴァンデンブルックとしゃべったのは二〇〇八年のリエージュ～バストーニュ～リ
エージュだった。ラ・ルドゥットの壁に観客として突然姿を見せ、そこで僕が撮った写真は
ちょっとしたスクープみたいにガゼッタに掲載された。そのときは、

ベルギーの問題児ヴァンデンブルック。天性の才能を持ちながら、あらぬ方向に行ってしまった。(Road World Championships 1999)

時代を築いたベルギーの2人、ボーネン（左）とムセーウ（右）。(Tour of Qatar 2006)

「もうちょっとしたらレースに出るさ」とにこやかに言っていた。

しかし二〇〇九年十月十二日、バカンスに行ったセネガルで突然死してしまう。もっともその頃は選手としての輝きはすでになくなっていたが、それまでの勝ち方があまりに圧倒的だったのでファンの涙を誘った。


ヴァンデンブルックの死後、ベルギーはヨハン・ムセーウとトム・ボーネンが時代を築いた。ムセーウはすごい成績ながらも引退後にドーピング・スキャンダルが起こって汚点となった。自分の名を冠したフレームメーカーを興したが、その事業も人手に渡り、今は地味に活動していて、自転車に乗るときも他社のものに乗っている。

数年前、ベルギーの新聞のウェブ版に彼のインタビューが掲載されていたが、それが今でも頭から離れない。彼の親友はチームメイトで今はクイックステップの監督をやっているピーテルスだった。バカンスにもいっしょに行くほどの仲で、ムセーウが下着を忘れたときには彼のものを借りるほどの仲だったという。それがいざドーピングスキャンダルになると、ピーテルスからまったく連絡がなくなったという。チームの監督という立場があるからだろうが、これがなにより残念だと語っていた。本当に心が痛む記事だった。

一方、ボーネンはいつも取材に協力的で、非常に人当たりのいい選手だった。昨年引退したが、今も私生活が報道されている。最近は趣味のカーレースに没頭していたが、今年からロットと契約して自転車界に関わっていくことを決めたようだ。

温厚で紳士的なスターもいる。スペインのミゲル・インドゥラインは、ツールで五回、ジロで二回勝った大選手だったにもかかわらず、本当におとなしい性格で真の紳士だった。九〇年代のグランツールではまさに無敵で、区間優勝するチャンスは幾度もあったが、全部敵にプレゼントした。だから、タイムトライアル以外は一度も勝っていない。選手生活の晩年、オンセから当時破格の年俸一〇億円という自転車界では前代未聞の契約金を提示されたが、それを蹴って引退した。当時のトップレーサーの年俸がまだ一億円台の頃だ。タイムトライアルではまさに無敵で、ツールでは一度2位の選手に三分の差をつけたこともあった。そして、上りも実はものすごく強かった。

「初めていっしょに逃げた時、僕らは会話しなかったけど、こんな体重一〇〇キロもあるようなやつがついて来るわけがないと思っていた。だけど、ぜんぜん苦しそうな表情を見せず、ときには笑うこともあったので、馬鹿にされているのかと思った」と語ったのは、いっしょにツールの表彰台に二度立ったキャプーチだ。

「スペインのレースでミゲルが集団の前に出た。いったい何をするんだと思っていたら、

自転車界の紳士、スペインのインドゥライン。(Giro d'Italia 1993)

この日はトレーニングのつもりで走るという。後ろは一列棒状。練習だったら家でやって欲しかった」と言うのは、一九八八年の世界チャンピオン、フォンドリエストだ。

グランツールで無敵だったインドゥラインは、頭角を表すまでは監督のエチャバリからワンデーレース向きの選手と考えられていた。だから、昔は一度だけパリ～ルーベも走ったことがある。そのときは、三連勝しているモゼールをマークしろと言われて走ったものの、最初の石畳で後ろに置いて行かれてしまった。

ツール・ド・フランス五連勝中は、あのパンターニにさえも集団内ではブレーキをかけてちょっと距離を置き、落車しないように気を使われたとインドゥライン本人が語る。だが、そのインドゥラインもイノーに対しては、集団内で距離を置いたそうだ。それが選手間におけるスーパースターへの敬意というものだ。


近年ではアルベルト・コンタドールやクリス・フルームがグランツールで活躍してきた。間違いなく、共に大選手だ。僕自身、両者共にとても好きな選手だ。

コンタドールの積極的な走りにはいつも心がときめいたし、フルームの温厚さはインドゥラインを彷彿させる。

しかし、華やかなスターかというと、ちょっと違うように思う。彼らが話題になったのはレースだけで、レース以外のところでの話題はほとんどなかった。そして共におとなしいキ

現在のスターはスロヴァキアのサガンだ。(Paris - Roubaix 2018)

ャラクターだ。自転車界が求めているのは、もっと世間で話題を作る選手だ。

そうした点で、今最も華を持ったスターに近いのはペテル・サガンだろう。

軽いノリの今時の若者に見えるが、たとえばレースでアシストに働いてもらいながら勝てなかった時にもみんなにお礼を言うなど、なかなかできた選手だし、人を見る目も持っている。

あとがき

移動と外泊の連続にうんざりしながらも、僕は自転車競技を、そしてこの仕事を愛している。その理由は、若い頃にのめり込んだスキーと比較することで浮かび上がってくる。

小学校から高校の時まで、アルペンスキーの選手をしていたが、自分よりも良い成績を出した人に対し、嫉妬心があった。今であれば、自分の力を出すことができればそれでいいと思うし、友人の好成績を素直に喜べるような人間になりたいと思う。振り返って、あの頃の自分の足りなさ、未熟さを痛感する。

プロのロードレースの世界に身を置いてみると、そこは「人のために働くことが評価される世界」であることが分かった。形式上は個人競技とはいえ、内容は完全にチームスポーツ。みんなでチームから優勝者を出すために動く。他のチームスポーツにも同じことがあるのだろうが、スキーしか知らなかった僕にとって、これは実に新鮮なことだったし、今もそういう選手たちの下働きを見るにつけ、心が動かされる。

それに「努力すれば上に行けるという希望を持たせてくれるスポーツ」であることは間違

いないと思っている。どんな天才型のチャンピオンだって毎日数時間、ときには六時間も七時間も自転車に乗るのは当たり前のことなのだ。力を入れてペダルを踏まない限り、勝負に加わるどころか、ゴールにたどり着くことすらできない。努力した分だけ、自分に跳ね返ってくるスポーツだ。

実際のところ、天性のものがなければ上に上り詰めることはできないと思うが、いろんな脚質の選手が活躍できる場がある。上りに弱ければスプリントで勝負すればいいし、どちらも不得意だったら、逃げる手がある。

選手が引退するとき、「自転車は人生の師」という言葉をよく口にするが、この言葉に偽りはないと思う。

さらにこのプロロードの世界が魅力いっぱいなのは、プロフェッショナルが集まる現場、いわば職人の世界だからだ。走っている選手はもちろん、マッサージ師、メカニック、オーガナイザー、ジャーナリスト、そしてフォトグラファー……。みんなその道のプロだ。だから、現場にいて気持ちがいいのだ。

自転車レースは子供から参加できるスポーツだ。選手として、あるいはチームのスタッフとして、または報道の一員としてこれにかかわるならば、下のカテゴリーから始めるべきだ。プロレースの世界はエリートの集まり。ここに素人がいきなり飛び込むのは、最初から無理なのだ。

自転車がマイナースポーツの国の人は、すぐに「ツール・ド・フランス」という言葉を出すけれど、そこは世界最高のレース現場だ。たとえば報道の世界だったら、最初は子供や素人のレース、それから国内の取材から始めるべきで、だんだんとステップアップしていけばいいのだ。日本の多くの人がこれを心得ていないのが残念だ。

この仕事を始めて今年でちょうど三〇年。自転車からいろいろなことを学ばせてもらった。また一方で、これまで毎日自分の写真がいろんな国の雑誌や新聞、ウェブサイトに掲載されてきたわけで、本場に何かを与えることもできたと思う。

最初、「真似をする」だの「コピー大好きな日本人」くらいに言われたのを跳ね返してやったと思っている。

だから、レースでオートバイに乗るフォトグラファーの名前が呼ばれると、羨ましそうな顔をしている連中の前で、「選手が走っていない国から出てきた日本人のオレが明日のレースで乗るんだ」と、胸を張っている。

僕はスキーや自転車で果たせなかった夢を、自転車競技の本場で実現したかった。つまりそれは行き着くところ、本場で認められるような仕事をするということだ。「自転車マイナー国」というコンプレックスを跳ね返し、向こうの連中に一泡吹かせてやりたい。自転車の本場で勉強するだけでなく、逆になにかを残したいとずっと思って来たし、今も思っている。なにも戦争に行くわけではない。けれど、フォトグラファーなんてヨーロッパに星の数ほどいる。それくらいの気概を持っていないと潰されてしまう。だから正直言って、日本で写真が一〇〇枚掲載されるよりは、ヨーロッパで一枚掲載されるほうが、ずっとうれしかった。

選手が二本の脚で戦う現場で、僕はカメラを持って戦っているというわけだ。

この本は Cyclist（SANSPO.COM）や雑誌等に掲載された文章に大幅加筆・修正を加えたものです。

すなだ ゆづる

1961年、富山市生まれ。大学卒業後にイタリアに渡り、1989年から自転車競技の取材・撮影に携わっている。現在、世界のメジャーレースでオートバイに乗っての撮影を許されている数少ないフォトグラファーの一人。アメリカ、イギリス、フランス、イタリア、ベルギー、ドイツ、オーストラリア、日本など、多くの国のメディアに写真を提供している。著書に『フォト！ フォト！ フォト！』、『GIRO（ジロ）――イタリア一周自転車ロードレース写真集』（共に未知谷）など多数。

挑戦《ちょうせん》するフォトグラファー

30年の取材で見た自転車レース

2018年 6 月20日初版印刷
2018年 7 月 7 日初版発行

著者　砂田弓弦
発行者　飯島徹
発行所　未知谷
東京都千代田区神田猿楽町2丁目5-9　〒101-0064
Tel. 03-5281-3751 / Fax. 03-5281-3752
［振替］　00130-4-653627
組版　柏木薫
印刷所　ディグ
製本所　難波製本

Publisher Michitani Co. Ltd., Tokyo
Printed in Japan
ISBN978-4-89642-558-1　C0095